직장 생존 병법

41 Strategies to Survive in Your Company

내 손 안의 생존 전략 매뉴얼

41가지

직장 생존 병법

41 Strategies to Survive in Your Company

내 손 안의 생존 전략 매뉴얼

41가지

• 박세준 지음 •

평 단

|

위기는 또 하나의 기회다
다만 그것을 활용하는 사람만이 승자가 될 수 있다

"자리가 사람을 만든다"라는 말이 있다. 이 말은 그 자리에 적합한 사람은 따로 있는 게 아니라 누구든 그 자리에 앉아 업무를 수행하다 보면 그에 걸맞은 능력을 발휘하게 된다는 뜻이다. 이 말에 전적으로 공감하는 사람이 있는 반면 반신반의하는 사람도 있을 것이다. 반신반의하는 사람들은 사람마다 능력의 차이가 있기 때문에 "능력이 안 되는 사람에게는 아무리 기회를 제공해도 소용없다"라고 주장한다.

사실 어떤 주장이 맞다고 단정적으로 말하기는 어렵다. 다만 말콤 글래드웰의 저서 《아웃라이어》는 위와 같이 상충되는 주장에 대한 해답을 제시하고 있다. 《아웃라이어》에서는 '누적적 이득의 치명적 효과'를 언급하면서 재능보다 더 중요한 것은 기회이고, 특별한 기회를 얻어 낸 사람만이 성공을 거둔다고 했다. 그 근거로 캐나다 아이스하키 주전선수들의 생일을 예로 들었다. 캐나다 아이스하키 주전선수들은 생일이 1, 2월인 사람이 많다. 한참 성장기에 있는 어린 선수들의 월령 차이는 성인보다 훨씬 크다. 생일이 빠른 아이들은 생일이 늦은 아이보다 신체연령이 앞서기 때문에 주전 기회를 많이 보장받는다. 주전 경험이 많은 아이는 벤치를 지킨 아이보다 다양한 경험을 하게 되므로 그만큼 성인이 되어서도 대표 선수로 뽑힐 확률이 높다.

그럼 회사는 어떨까? 회사에 입사할 때는 다들 성인이기 때문에 월령이나 연령 차이가 업무 능력, 승진 여부를 결정짓지는 않는다. 중요한 것은 입사 후 중요 업무를 두루 경험했느냐, 아니면 단순 반복적인 업무만 경험했느냐에 따라 회사에서의 승진 여부가 판가름 난다. 어쩌면 이것이 바로 자리가 사람을 만드는 하나의 증거가 될 수 있을지도 모르겠다.

단순 업무를 오래 한 사람은 자신도 모르게 우울해지고 자신감을 상실하게 된다. 그 이유는 매우 간단하다. 우리나라 교육열은 세계 최고라 해도 과언이 아니며, 회사에 들어온 인재들은 초중고부터 대학 시절까지 외국인이 놀랄 정도로 상당한 양의 공부를 한 사람들이다. 다들 많이 배워서 회사에 들어갔지만, 회사라는 공간은 사실상 고도의 지식을 필요로 하는 일 이상으로 단순 업무가 존재한다. 일단 단순 업무를 맡게 되면 누구나 그 일에서 벗어나고 싶어 하지만, 후임자를 구하지 못해 그 일을 계속하게 될 가능성이 높은 것이 현실이다.

'직업에 귀천이 없다'고 하지만, 사람들이 선호하는 직업과 기피하는 직업은 엄연히 존재한다. 회사 업무도 마찬가지다. 경영진은 누구나 각자 자신이 맡은 일은 소중하고 중요하다고 강조하지만, 직원들이 실제로 느끼는 체감도는 전혀 그렇지 않다. 선호하는 직업과 기피 직업이 존재하는 것처럼 회사 내에서 직원들이 선호하는 업무와 기피하는 업무가 분명히 존재한다. 직원들이 기피하는 업무는 성향에 따라 차이가 있지만 주로 단순 업무가 많다. 만일 당신이 단순 업무를 오래 하게 되면 당신의 역량이 동기들에게 뒤처지고 회사 내에서 빛을 못 보게 될 것은 불을 보듯 뻔하다. 운동으로 말하면 후보선수로 벤치를 오래 지킨 탓에 경기 감각이 떨어지는 것이다. 그렇게 되면 우연한 기회에 중요한 프로젝트를 맡게 되어도 그 일을 감당할 만한 내공이 쌓이지 않아 잘 해내지 못할 가능성이 크다. 이런 상황이 반복되면 회사 내에서의 입지도 좁아지고 어렴풋이 퇴직의 압박이 내리누르기 시작할 수 있다.

직장인은 누구나 느끼는 사실이지만 회사 내에도 분명 외견상 보이지 않는 계급이 존재한다. 5년 차 내지 10년 차 직장인에게는 거부할 수 없는 계급이 낙인처럼 찍힌다. 이는 인사 평가를 통해 S, A, B, C로 고스란히 반영된다.

일단 사내 계급이 정해지면 이를 뒤엎기는 상당히 힘들다. S급 인재가 업무상 실수를 하면 원숭이가 나무에서 떨어진 것이지만, C급 인재가 훌륭한 성과를 내면 소가 뒷걸음치다가 우연히 쥐를

잡게 된 것이라는 평을 들을 것이다.

그런데 만일 내가 S급이 아니고 C급으로 자리매김했다면 어떻게 해야 할까? 그렇게 되면 앞이 보이지 않는 미래에 대한 두려움이 엄습해 오기 시작한다. 그렇더라도 실망할 필요는 전혀 없다. 더욱이 두려워할 일도 아니다. 이때는 마음을 편안히 다스리면서 시야를 과감히 다른 데로 돌려 보자. 한 걸음 뒤로 물러서서 찬찬히 나를 바라보면 세상에는 감사할 일이 너무나도 많은 것을 알게 된다.

C급 인재로서 사내 단순 업무 또는 기피 업무를 맡게 되면 개인 시간이 다른 사람들에 비해 상대적으로 많다. 즉, 인생 제2막을 준비할 시간이 소위 잘나가는 사람보다 많은 것이다. 그래서 세상은 공평한지도 모르겠다. 주변을 둘러보면 회사로부터 저평가를 받지만 오히려 이를 기회로 삼아 자기계발을 열심히 하는 사람이 많다. 또한 장기 계획을 세우고 꾸준히 준비하고 있다가 일정 시점이 되면 자발적으로 회사를 그만두고 제2의 인생을 시작하는 사람도 많다. 나는 이 책을 통해 회사에서 저평가에 신음하는 사람들에게 꿈과 희망, 쓰러지더라도 다시 일어설 수 있는 용기를 심어 주고 싶다. 그래서 시간을 쪼개어 이른 새벽에 기상하여 컴퓨터를 켜고 한 줄 한 줄 심혈을 기울여 써 내려갔다.

곰곰이 생각해 보면 회사에 감사할 일이 참으로 많다. 대학을 졸업하고 바로 창업을 했더라면 몰랐을 만한 일들을 회사는 나에게 돈을 주면서까지 시행착오를 경험하고 배울 수 있는 기회를 선사했다. 그러니 설령 회사에서 저평가를 받더라도 회사에 대한 서운한 마음 대신 감사의 마음을 가져 보자. 세상에는 긍정적인 마인드만 가지면 못할 일이 하나도 없다.

지금의 원인 모를 두려움을 잠시 내려놓고 마음을 가다듬고 생각해 보자. 당신이 어릴 때 진정으로 하고 싶었던 일은 무엇인지, 그리고 지금 직장을 다니면서 남는 시간에 앞으로의 미래를 어떻게 준비할 것인지, 어떤 시스템을 만들고 장기 계획을 수립할지를 깊이 고민해 보자.

당신 스스로 미래에 대한 준비를 보다 일찍 시작하고 멋진 인생 제2막 시스템을 만들어 나가기를 바란다. 만약 당신이 이 책에서 계시를 얻고 정보를 활용해 누구보다 멋진 인생 제2막을 열게 된다면 이 책이 태어난 소명을 다한 것이므로 그보다 기쁜 일은 없기에 진심으로 감사를 드린다.

산이 훤히 내려다보이는 서재에서
박세준

목 차

제2장
자기계발의 덫에 빠진 직장인

제3장
성공적으로 인생 제2막을 연 멘토들

|

한비자의 망징(亡徵) 47개에서 찾을 수 있는 내 퇴직 징후

제갈량이 죽으면서 후주 유선에게 읽도록 한 책이 바로 한비 (韓非)의 《한비자》다. 한나라의 서자 출신의 공자로서 비주류의 처절한 아픔을 겪은 한비는, 사방이 적국으로 둘러싸인 조국 한 나라가 약소국의 비애와 굴욕을 겪는 현실을 벗어나고자 한나 라 왕에게 법치를 건의하지만 받아들여지지 않자 적국 진나라 시황제를 찾아갔다. 그러나 거기서도 자신의 뜻을 펼치지 못한 채 동문수학한 친구 이사의 계략에 걸려들어 살해되고 만다.

하지만 그가 집대성한 《한비자》는 '동양의 군주론'으로 불리 며 인간 본성을 꿰뚫고 적나라하게 드러낸 고전 중의 고전으로 꼽힌다.

《한비자》제12편은 '망징(亡徵)'이다. 망징(亡徵)이란 나라가 망할 징조를 뜻하며, 사람들은 망징(亡徵)을 나라가 돌아가는 상황이나 회사의 현황을 빗대어 표현하는 경우가 많은데, 나는 이것을 직장인의 상황에 적용시켜 보았다.

　다음은 망징(亡徵) 47개 중에서 직장인들의 퇴직 징후를 점검할 수 있는 주요 항목만 뽑아 구성한 것이다. 아래의 항목을 보고 퇴직 시점이 다가오는지 아닌지를 스스로 체크해 볼 수 있다.

　'나라가 망함'은 '자신의 퇴직시점이 다가옴'으로 이해하면 되고, 군주는 나일 수도 있고 아니면 나에 대한 평가권(내 생사여탈권)을 쥐고 있는 상사(팀장, 본부장, 부문장 등)를 지칭할 수도 있다.

1. 나라는 적은데 군신(群臣)의 저택은 크고, 군주의 권력은 약한데 대신의 세력이 크면 멸망한다.

　→ 나의 역할은 작은데, 나에게 중요 업무가 주어지지 않아 후배의 역량이 신장되고 역할이 두드러지기 시작하면, 나의 퇴직 시기가 다가온다. (군주: 나, 대신: 후배)

2. 법령, 금제를 소홀히 하여 그에 따르지 않고, 모략에 열중하여 국내를 다스리지 못하고, 외국의 원조만 믿고 있으면 멸망한다.

　→ 내가 잡무를 수행하고 있는데 '상사가 다음에는 나에게도 중요한 일을 주겠지'라고 막연히 기다리기만 하면 나의 퇴직 시기가 다가온다. (외국의 원조: 상사가 나에게 중요 업무를 맡기는 것)

3. 군신(群臣)이 학문을 닦고, 귀족의 자제가 공허한 별론을 즐기며, 상인이 정부를 배경으로 남몰래 축재를 하며, 아래 백성이 군주가 베풀어 준 것을 받고도 아무렇지도 않게 생각하면 망한다.

→ 내가 한 일이 주변 부서에서 관심을 가질 만한 가치 있는 일이 아니면, 즉 잡무이면 나의 퇴직 시기가 다가온다. (아래 백성: 주변부서, 군주: 나)

4. 군주가 궁전과 누각과 정원과 연못 같은 토목건축을 좋아하고, 수레와 말, 의복과 기이한 물건 그 밖에 오락물에 골몰하고, 그 때문에 백성을 고달프게 하여 재정을 낭비하면 망한다.

→ 내가 회사의 업무 대신 웹서핑을 좋아하고, 예능프로그램에 나온 재미난 이야기에만 신경 쓰게 되면 내 퇴직 시점이 다가온다. 이는 나의 업무가 상사가 관심 가질 만한 가치 있는 일이 아니어서, 나도 모르게 긴장이 풀어졌다는 이야기다. 내가 정말로 중요한 일을 맡고 있으면 다른 일에 신경 쓰는 것이 쉽지 않다. (군주: 나, 재정 낭비: 하는 일에 비해 급여가 많음)

5. 군주가 날짜나 시간 따위의 길흉에 마음을 쓰고, 귀신에 혹하여 점쟁이의 말을 믿고 굿하기를 좋아하면 그러한

나라는 망한다.

→ 나도 모르게 업무가 지루해지고 퇴근시간만 기다린다면 나의 퇴직 시기가 다가온다. 내가 상사로부터 인정을 받아 내일 아침 9시까지 중요 보고서를 상사 책상에 올려야 한다면 퇴근 시간을 쳐다볼 여유가 없다. (군주: 나)

6. 군주가 신하의 진언을 들어 관작을 수여할 때 실제의 공적을 조사하지 않고, 다만 한 사람의 총애하는 신하를 밖의 정세를 보고하는 창구라 믿고 있으면 그 나라는 망한다.

→ 상사가 나의 일에는 관심이 없고 총애하는 동료의 일에 대해서만 관심을 가지면 나의 퇴직 시기가 다가온다. (군주: 상사)

8. 군주의 성격이 아둔하고, 일을 처리한 적이 별로 없으며, 의지가 유약하고 결단력이 미약하며, 기호가 분명치 않고, 남에게 의지하여 자립정신이 없으면 그 나라는 망한다.

→ 내가 중견 사원이 되었음에도 불구하고 혼자서 완결적으로 일을 처리하지 못하고 상사의 지시에 의지하게 되면 나의 퇴직 시기가 다가온다. (군주: 나)

11. 군주의 사람됨이 천박하고, 밖에서 쉽게 엿볼 수 있으며, 비밀을 가슴속에 간직해 두지 못하고 바로 누설시키며, 주의는 산만하고 신하들의 말을 밖에 알리는 그러한 나라는 망한다.

→ 상사에 대한 뒷담화를 참지 못하고 자꾸 발설하면 그것이 부메랑이 되어 나의 퇴직 시기가 다가온다. (군주: 나)

16. 자기 나라의 탁월한 인물은 등용하지 않고, 도리어 외국의 인재를 초청하여 공로에 의해서 그 재능을 시험하지 않고 다만 소문만으로 좌우하며, 외국인을 발탁하여 높은 자리에 앉히고, 종래의 신하를 천대하는 나라는 망한다.

→ 상사가 자기 직속 팀원은 쓰지 않고, 외부 경력사원을 채용하여 조직을 이끈다면 나의 퇴직 시기가 다가온다. (외국의 인재: 외부 경력사원)

18. 군주가 소탈하여 과실을 후회하지 않고 나라가 혼란한데도 자기 재능만을 믿고, 제 나라의 실력도 모르고 이웃 나라를 경시하는 나라는 망한다.

→ 내가 업무 능력이 모자람에도 불구하고 후배를 경외할 줄 모르고 후배에게 계속 위압적으로 대한다면 나의

퇴직 시기가 다가온다. (군주: 나, 이웃나라: 후배)

19. 자기 나라가 소국인데도 대국에 대하여 겸손하지 않고, 무력하면서 강대국을 경계하지 않고 탐욕적인 서투른 외교를 하면 그 나라는 망한다.

→ 내가 상사로부터 업무능력에 대한 신임을 받지 못함에도 불구하고 상사에 대해 불평만 하거나 아니면 무의미한 술자리 모임에만 쓸데없이 따라다니면 나의 퇴직 시기가 다가온다. (자기나라: 나, 대국: 상사, 서투른 외교: 무의미한 술자리)

20. 태자가 이미 정해져 있는데 부왕이 강대국의 공주를 정부인으로 맞아들이게 되면 태자의 지위가 위태해진다. 그렇게 되면 신하들은 마음이 변하여 부인 편에 서게 되는데 그런 나라는 망한다.

→ 유능한 외부 경력사원의 입사가 확정되면 나의 자리는 위태해진다. 그렇게 되면 내 밑의 후배들은 마음이 변하여 유능한 외부 경력 사원 편에 서게 되는데 그럴 경우 나의 퇴직 시기가 다가온다. (태자: 나, 정부인: 외부 경력사원, 신하: 후배)

21. 군주가 겁쟁이이며 지조가 없고 미리 알고 있으면서도

손을 쓰지 못하고, 단행해야 된다고 느끼고 있으면서도
결행하지 못하는 나라는 망한다.

→ 내가 팀에서의 위치가 불안정하여 팀 이동이나 전직
이 필요하다고 느끼면서도 결단을 내리지 못한다면, 나
의 퇴직 시기가 다가온다. (군주: 나)

28. 국토에 요새가 없고 성곽도 형편없으며, 식량의 저장
도 없고 물자도 적으며, 방어전의 준비가 없는 나라는
타국이 침공해 오면 곧 망한다.

→ 나의 업무지식 밑천이 드러나거나 자격증도 없고 회
사 내 네트워크가 약한 상태에서 외부에서 MBA자격증
소지자 등 유능한 경력사원이 오면 나의 퇴직 시기가
다가온다.

29. 군주와 친족이 장수하는 사람이 없고 잇따라 군주가
죽어 어린아이가 군주가 되면, 대신이 권력을 자행하여
타국에서 온 자에게도 벼슬을 주어 패거리를 만들게 하
고, 외교를 한답시고 영토까지 잘라 선물하게 되는 나
라는 망한다.

→ 내가 예전부터 모셨던 상사는 퇴직하고, 다른 상사
를 모시게 되었는데 그 상사가 기존에 자기와 같이 근
무했던 부하직원을 데려오고, 그 부하직원이 중요 업

무를 수행하면 나의 퇴직 시기가 다가온다. (군주: 상사, 타국에서 온 자: 새로 부임한 상사, 영토까지 잘라 선물: 중요 업무 수행)

30. 어떤 나라의 태자가 존경을 받고 있으며 그 이름도 널리 알려지고, 그를 중심으로 하여 세력이 구축되고 대국과의 교제가 많아지면, 군주와의 사이는 벌어질 것이며 결국 나라는 망한다.
  → 다른 팀의 동료가 회사 내 존경을 받고 있고, 그 밑에 사람이 계속 모이면서 상사와 대화가 많아지기 시작하면 나의 퇴직 시기가 다가온다. (태자: 동료, 대국: 상사)

34. 군주는 우매한데 군주의 백숙부나 형제는 현명하며, 태자의 위력이 약하며 서자가 그에 대항하고, 관리가 힘이 없고 백성이 오만하면, 나라 안이 소란해져 그러한 나라는 망한다.
  → 내 상사가 상위 상사한테 인정을 못 받는데 이웃 팀의 상사가 인정을 받는다면, 우리 팀의 힘이 약해지고 나의 퇴직 시기가 다가온다. (군주: 직속 상사, 백숙부: 옆 팀의 팀장)

40. 정실 인사에 의한 관리가 중용되고 공로 있는 자가 배

척당하며, 변두리에서 일어난 작은 선행 따위는 높이 평가되고, 국가에 헌신한 공로를 경시하면 그 나라는 망한다.

→ 내가 심혈을 기울여 작성한 보고서 등은 경시되고, 내가 일상적으로 진행하는 소소한 일에 대해서만 칭찬을 받으면 나의 퇴직 시기가 다가온다. 절대로 착각하지 말라. 상사는 나에 대해 칭찬할 게 없어서 아무거나 예의상 칭찬한 것일 뿐임을.

42. 군주가 눈앞에 큰 이득이 있음에도 불구하고 어물어물 그것을 포착하지 않거나, 화가 미칠 징조가 있음에도 불구하고 태만하여 그것을 경계하지 않고, 공격과 방어를 막론하고 군사를 소홀히 하며 오직 인의만을 가지고 외양에만 힘쓰게 되면 그 나라는 망한다.

→ 내가 회사 내 좋은 프로젝트를 맡을 기회가 있음에도 불구하고 우유부단하여 그것을 잡지 못해 좋은 경험을 쌓을 기회를 놓치면 나의 퇴직 시기가 다가온다. (군주: 나)

45. 신참의 신하가 진출하고 고참의 신하는 물러서며, 미련한 신하가 국정을 다투고 현명한 신하는 물러서며, 공로가 없는 자에게 높은 작록을 주고 노고가 많은 자를 천

대하면 백성의 원한을 얻게 되어 그 나라는 망한다.

→ 후배가 승진하고 내가 승진에서 누락하면 나의 퇴직 시기가 다가온다.

여기서 나라가 망할 징조가 있다는 것은 반드시 망한다는 말이 아니라 단지 망할 가능성이 있다는 의미다. 《한비자》제12편에는 망징(亡徵)에 이어서 '벌레 먹은 나무도 바람이 불어야 쓰러진다(然木雖蠹, 無疾風不折)'라는 글이 나온다. 마찬가지로 내 퇴직 징후가 여러 곳에서 보이더라도 회사가 계속해서 적자를 내지 않는다면 요즘같이 정치권에서 정년을 연장하는 추세에 회사는 쉽게 구조조정을 하지 못할 것이다.

어쩌면 당신은 운 좋게 회사에서 정년까지 다닐 수 있는 행운의 주인공이 될 수도 있다. 세상살이는 변수도 많고 사실 어떻게 될지 때로는 한 치 앞도 알 수 없으니 말이다. 다만, 우리의 인생을 언제까지나 운에 맡길 수는 없지 않은가? 더욱이 그렇게 사는 한 발전은 없을 것이다.

직장에서 찾을 수 있는
7가지의 위기 신호

출근하는 게 두렵고
궤양이 생길 지경이다

한때 인터넷에 '출근 전 우리의 모습'이라는 제목으로 잠에서 깨기 싫어하는 수달의 사진이 공개된 적이 있다. 당시 이 사진은 네티즌 사이에서 큰 반향을 불러일으켰다. 직장인이라면 누구나 공감하는 일이기 때문일 것이다.

직장인이라면 출근하기가 죽기보다 싫을 정도로 고역인 것을 한 번쯤 경험해 보았을 것이다. 특히 10년 차 혹은 중년이라면 더더욱 그렇다. 처리해야 할 일은 산더미같고, 위에서 찍어 누르고 아래서는 치고 올라오니 도통 숨을 쉴 수가 없다. 모든 걸 내팽개치고 어디론가 훌쩍 떠나고 싶은 마음이 간절할 때가 한두 번이 아니다.

아침 일찍 일어나 거울을 보며 면도를 할 때 문득문득 마음이 심란해진다. 그러면 회사에 대한 온갖 불만이 고개를 든다.

'차라리 이놈의 회사를 때려치워 버려?'

'내가 여기 말고 일할 곳이 없는 줄 아나 보지?'

정말로 면도도 하기 싫고, 서류가방은 쳐다보기도 싫은 그런 날이 있다. 특히 죽어라 일만 했는데도 "이런 정신머리로 일할 거면 당장 때려치워!"라고 상사의 질책을 들은 다음 날은 출근 하는 게 그야말로 고역이다. 또 동료나 후배가 의기양양한 모습 으로 보고서를 들고 임원실로 들어갈 때 자신도 모르게 모든 것을 그만두고 싶다는 생각이 든다. 직장인 대부분이 하루에도 마음속으로는 사표를 수십 번도 더 쓴다고 한다.

A기업의 인사팀 부장 L 씨는 요즘 아침에 일어나 출근 준비를 하는 것이 하나의 고역이다. 누구보다도 열정을 가지고 회사 일에 매진한다고 자부하지만, 요즘처럼 일뿐만 아니라 사람과의 관계에서 치인 적이 없었기 때문이다.

일에 몸과 마음을 모두 쏟고 있음에도 위에서는 실적을 운운하며 압박하고 아랫사람들은 왠지 자신을 무시하는 것 같은 느낌을 받는다. 내성적인 성격 탓인지 호탕하고 적극적인 성격의 동기생들에 비해 밀리고 있다는 생각이 들고, '내가 이 회사에서 얼마나 더 버틸 수 있을까' 하는 자괴감만 밀려든다. 그러나 이런 감정들을 아내를 비롯한 어느 누구에게도 속 시원하게 털어놓기가 결코 쉽지 않다. 그저 혼자 끙끙 앓기만 할 뿐이다.

자영업이나 사업을 하는 사람이 아니라면 직장인 대부분은 가족의 생계가 현재 몸담고 있는 회사에 전적으로 달려 있다. 의식주 비용, 아파트 대출금과 자동차 할부금, 아이들 교육비, 각종 공과금, 부모님 용돈 등이 회사에서 버는 돈으로 충당된다. 때문에 당장 회사를 그만두고 싶은 마음이 굴뚝같아도 꾹꾹 눌러 참아야 한다. 기분대로 했다가는 자신뿐만 아니라 가족의 인생까지 망칠 수 있기 때문이다.

과거 나의 입사 초기 시절을 떠올려 보면 가끔 출근하기 싫었던 적이 있었다. 하지만 그때는 잠깐 그런 기분이 들었을 뿐 일을 하다 보면 어느새 그런 생각은 사라졌다. 그런데 지금은 그때와 전적으로 다르다. 그 당시는 주로 업무가 어렵고 벅차서 부담이 되거나, 사회생활 초기여서 동료나 상사들과의 인간관계가 미숙해서, 또는 일에 비해 보수가 너무 낮아서 성취감이 없거나 일이 너무 하찮아 경력으로 인정받기가 어렵다는 생각이 들 때 하는 일에 회의감이 느껴지면서 출근하기가 싫었다. 사회 초년생 때는 회사로 인한 우울증은 주로 회사 내에서 열심히 하거나 아니면 이직을 통해 극복할 수 있었다.

그러나 근속 연수가 10년 차 이상이 되면 상황은 달라진다. 다른 곳으로의 이직이나 직장 내에서의 부서 이동과 같은 선택의 길이 매우 좁아진다. 따라서 나이 든 직장인들이 느끼는 출근에 대한 스트레스의 강도는 상당하다고 할 수 있다.

경제 불황과 구조조정에 의한 인원 감축, 성과주의, 연령을 초월한 깜짝 인사 발탁 등 우리 주변을 둘러싼 주위 환경의 급격한 변화는 모든 직장인을 벼랑 끝으로 내몰고 있다. '사오정(45세 정년)', '오륙도(56세까지 남아 있으면 도둑)', '삼팔선(38세가 한계)'이라는 웃지 못할 우스갯소리가 있다. 이러한 말들은 우리 사회의 고용 현실을 적나라하게 드러내는 유행어다. 이제는 '저성장 시대'가 본격적으로 도래했다. 따라서 고용 불안은 갈수록 심화될 것이다. 지금도 40대 이상의 조기 퇴직, 청년층의 높은 실업률 등은 이러한 현상을 현실로 보여 주고 있다. 더욱이 미래에는 많은 부분이 기계화가 진행되면서 일자리는 더욱 줄어들게 될 것이다.

그러므로 일자리 문제는 개인의 고민거리를 넘어 이 시대를 살고 있는 모든 직장인이 안고 있는 생존의 문제라 해도 과언이 아니다. 요즘 신문이나 인터넷에서 직장인이 우울증을 앓고 있다는 기사를 자주 접하게 된다.

경북 구미공단 인근의 M정신과는 10년 전만 해도 하루에 30여 명의 환자를 상담했으나 최근에는 무려 80여 명을 본다. 하루 내원 환자 수가 전국 최다 수준이어서 보건복지부가 허위 청구가 아닌지 감사를 나왔을 정도다. 이곳을 찾아오는 환자는 국내 유수의 전자·화학·섬유회사에 다니는 사무·관리·연구직과 생산직이 반반씩으로 직무에 상관없이 스트레스가 가파르게 올라가고 있음을 말해 준다. 특히 글로벌 금융위기가 닥치기 직전인 2007년 말

'태풍 전야'처럼 구미공단에 생산 물량이 줄고 대거 감원 바람이 불면서 환자 수가 급증했다는 게 이곳 전문의의 설명이다.

— 〈한국경제신문〉(2010년 9월 2일), '우울증 늪에 빠진 직장인', 정종호 기자

흥미로운 사실은 위의 기사에 나오는 상담자들이 단순히 4~5년 차 대리급이나 10~15년 차 과, 차장급이 아니라는 점이다. 회사에서 '별 중의 별'이라고 불리는 대기업 임원들도 대거 포함되어 있다. 이렇듯 한국 직장인들 사이에 우울증 같은 정신질환이 암처럼 번져 나가고 있다.

누구나 어릴 때 학교에 있으면 배가 아프다가도 집에만 오면 멀쩡했던 경험을 갖고 있을 것이다. 지금 생각해 보면 학교라는 낯선 환경과 낯선 선생님, 낯선 친구들, 그리고 학습과 또래 관계에서 오는 스트레스 때문이 아니었을까 하는 생각이 든다. 그런데 이런 현상이 최근 직장인들 사이에도 나타나고 있다. 회사 밖에서는 누구보다 활기찬 모습을 보이지만 출근만 하면 무기력해지고 우울해지는 것이다. 이를 '회사 우울증'이라고 한다. '주부 우울증'과 마찬가지로 의학적 용어는 아니지만 직장인들의 심리 상태를 반영한 용어 또는 증상이라는 점에서 사회학자들은 우려의 목소리를 높이고 있다.

리쿠르팅 업체 잡코리아가 직장인 약 600여 명을 대상으로 실시한 '직장인 우울증 현황' 조사에 따르면, '회사 우울증'에 시달리는 직장인이 무려 74.4퍼센트에 이른다고 한다. 우리

도 평소 자신의 모습에 대해 한 번 체크해 볼 필요가 있다. 특별한 이유 없이 사무실에서 후배들에게 호통을 치거나 아니면 무언가에 화가 난 나머지 자신도 모르게 컴퓨터 자판을 큰 소리로 두드리지는 않는가? 퇴근 후 술자리에서 동료와 상사의 험담을 안주 삼아 떠들어대지는 않는가?

'회사 우울증'이라는 말 자체가 요즘 직장인들의 자화상이다. 특히 한창 일해야 할 나이인 데다 집안에 돈도 많이 들어가는 시기를 보내는 40대들에겐 그야말로 아플 수도 없는 마흔이다. 심지어 "죽지 못해 연명하다시피 산다"는 말까지 나올 정도다.

그러나 무엇보다 그들을 힘들게 하는 것은 뚜렷한 대안이 없는 암울한 미래다. 그들은 회사를 나가게 되면 재취업이 어렵거나 불가능하다는 것을 누구보다 잘 알고 있다. 그래서 대다수의 직장인이 출근하는 게 두렵게 느껴지고, 회사에서 오는 압박감과 스트레스로 궤양마저 생길 지경이 아닐까.

한 줄 고전에서 배우는
직장인 필승 전략

是以志之難也, 不在勝人, 在自勝也. 故曰 : "自勝之謂强."

시 이 지 지 난 야, 부 재 승 인, 재 자 승 야, 고 왈 : "자 승 지 위 강."

- 《한비자》 '유노' 편 -

◆　　◆　　◆

뜻을 이루기 어려운 것은 타인과의 싸움에서 승리하는 데 있지 않고,

오히려 자기 자신을 이기는 데 있다.

그래서 "자기 자신을 이기는 것을 강(强)이라고 한다"고 했다.

동료들이 나를 좋아하지 않는다

금융회사에 다니는 P 부장은 출근하기가 죽기만큼 괴롭다. 직장 동료들이 자신을 '왕따'시키기 때문이다. 함께 밥을 먹자고 해도, 술 한잔하자고 해도 다들 이 핑계 저 핑계를 대며 빠져나간다. 그러다보니 요즘 직장 동료들보다 마음이 맞는 동기와 술자리가 잦다.

술잔이 몇 순배 돌자 얼굴에 발갛게 취기가 오른 P 부장이 토로했다.

"요즘 들어서 후배들과 술자리 하는 것이 도통 쉬운 일이 아냐. 평소 나와 친하게 지낸다고 생각했던 K 대리나 M 과장한테 한잔하자고 말해도 다들 이 핑계 저 핑계 대면서 빠져나가지 뭐야? 왜 슬슬 나를 피하는지 모르겠어. 도대체 나한테 무슨 문제가 있어서 그런 걸까?"

그러자 술잔을 주거니 받거니 하던 한 동료가 대꾸했다.

"나만 왕따인 줄 알았는데, 너도 그래? 나도 요즘 회사 나가기가 정말 괴롭다. 모아 놓은 돈만 있으면 당장이라도 때려치우고 번듯한 가게 하나 하고 싶은데 목구멍이 포도청이니 그럴 수도 없고……."

이것은 직장인들 가운데 10년 차 이상 된 직장인이라면 한두 번씩 하게 되는 푸념이다. 동료들이 자신을 존중하면서 따르기는커녕 자신을 좋아하지 않거나 따돌린다면 외딴섬이 되어 심한 스트레스를 받게 된다. 물론 동료들이 자신을 따르지 않는 이유는 여러 가지가 있을 것이다. 술자리에서 술주정을 하거나, 동료들에게 화를 잘 내거나, 동료들이 원하지 않는 당구나 스크린골프를 늦게까지 강요하거나 등등.

그런데 곰곰이 생각해 보면 그런 것보다 더 중요한 이유가 하나 있다. 그것은 바로 내가 직장 상사로부터 인정이나 존중을 받지 못하거나, 평가를 좋게 받지 못하는 등의 사유로 승진이 한두 해 누락되었다는 사실이다. 이것이 동료들에게 무시당하거나 존중받지 못하는 가장 큰 원인이다.

요즘은 후배들도 영악해서 회사 내에서 어느 선배가 회사에서 임원까지 승진할 수 있는 하이퍼(Hyper)급 인재인지, 어느 선배가 적어도 최소한 팀장까지는 올라갈 수 있는 재목인지,

또 어느 선배가 임원은커녕 팀장도 되기 힘들고 평사원으로 끝까지 남을 사람인지 훤히 꿰뚫고 있다. 또한 향후 구조조정이나 명예퇴직 바람이 불면 1차 감원 대상인지, 아닌지를 모두 꿰뚫어보고 있다.

"너 그 소식 들었어? 이번에 김 차장님, 지난해 평가에서 B 받았대. 재작년에도 B를 받았으니 2년 연속 평가에서 B를 받으신 거야."

"나도 그 얘기는 들었어. 그러고 보니 김 차장님은 회사 근무기간이 몇 년 안 남으신 것 같네. 그런데 김 차장님이 오늘 술 한잔 하자는데 같이 할까, 아니면 다른 핑계 대고 일찍 퇴근할까?"

"김 차장님이 부르신 회식자리는 웬만하면 가지 마라. 왜 자꾸 돈 안 되는 데 시간 낭비, 에너지 낭비하고그래. 2년 연속 A를 받은 송 과장님 회식이 ○○횟집에서 있는데 차라리 거기나 가자. 한 번이라도 더 눈도장 찍는 게 낫지."

위와 같이 직장에서 3년 이상의 연차가 쌓인 후배들은 팀장이나 팀 내 중간관리자를 철저하게 인사 고과를 기준으로 순위를 매긴다. 즉, 자기에게 이득이 되지 않으면 어울리고 싶어 하지 않는 것이다. 비록 인사 평가가 철저히 보안이 된다고 해도 지난해 평가에서 누가 S를 받았는지, 아니면 A나 B, 또는 C를 받았는지는 어느 누구라도 사내 네트워크를 활용해 쉽게 알아

낼 수 있다. 그래서 요즘 후배들은 위로 승승장구할 것 같은 선배들에게 붙게 마련이다. 더 나아가 그들이 보기에 평사원으로 끝까지 남을 것 같거나 향후 구조조정 대상이 될 사람이라고 판단하면 과감히 서야 할 줄에서 제외시켜 버린다.

이것은 옳고 그름의 도덕적인 문제를 떠나 조직에서 살아남기 위한 직장인의 생존 방식이다. 지금 몸담고 있는 조직에 자신을 비롯한 처자식의 생존이라는 문제가 달려 있기 때문이다. 더욱이 직장에서는 어디에 줄을 서느냐에 따라 자신의 앞길과 생존이 판가름 난다. 만약 비전이 없는 선배에게 줄을 잘못 섰다가는 자신도 추락할 수 있기에 줄을 서기 전에 신중을 기하는 것이다. 오죽하면 승진하지 못할 것 같은 선배와 술자리를 갖게 되는 경우 "곧 상장 폐지될 주식에 투자한다"라는 우스갯소리마저 오가겠는가!

직장인들이 이렇게까지 속물로 변한 것은 이 사회가 만든 유산인지도 모른다. 우리는 어릴 때부터 수출 몇억 달러 돌파, 경제성장 몇 퍼센트 달성이라는 성장 관련 기사를 신문 1면에서 자주 봐 왔다. 또한 직장인이라면 회사에 들어서자마자 보이는 1층 로비 간판에 적힌 매출액 몇 퍼센트 목표 달성, 경상이익 몇 퍼센트 목표 달성 등 성장과 관련된 문구를 보면서 하루를 시작할 것이다.

더욱이 우리는 학창 시절에 부모로부터 늘 1등만을 강요받아 왔고, 대학 입학 후 성인이 된 이후에도 '검사', '판사', '의사',

직장은 약육강식, 승자 독식의 정글

'변호사' 등 전문 직종이나 공무원, 대기업 등에 입사만 하면 행복한 인생길이 열린다고 세뇌당했다. 하지만 엄청난 경쟁을 뚫고 들어간 직장에서 행복은 보장되지 않았다. 오히려 치열한 생존경쟁이 벌어지는 정글처럼 늘 누군가를 이겨야만 하고, 이기기 위해서는 능력 있는 선배에게 붙어야만 한다. 어쩌면 우리는 밥벌이를 위해 시시포스(Sisyphos)의 신화처럼 영원히 끝나지 않을 굴레에 갇혀 살고 있는지도 모른다.

시시포스는 자신의 죄에 대한 형벌로 저승에서 거대한 바위를 언덕 위로 굴려 올려야 했다. 그는 사력을 다해 천천히 바위를 언덕 꼭대기까지 밀고 올라갔지만 곧 바위는 그의 손을 벗어나 사정없이 언덕 아래로 굴러떨어졌다. 만일 시시포스가 그 일을 중단하고 다시는 바위를 굴리지 않겠다고 결심했다면 그는 달라졌을 것이다. 어쩌면 죽음보다 더 고통스러운 형벌에서 벗어났을지도 모른다.

그러나 그는 절대로 바위를 언덕 위로 올려놓을 수 없다는 것을 분명히 알면서도 쉬지 않고 바위를 굴려야 했다. 나는 조금이라도 더 직장에서 생존하기 위해 이 선배가 튼튼한 동아줄인지, 썩은 동아줄인지 계산해 갈아타는 사람들을 볼 때면 하나같이 시시포스를 꼭 빼닮았다는 생각이 든다.

요즘은 세상이 바뀌어 공부 잘하는 학생보다 노래 잘하고 춤 잘 추는 연예인 지망생 주변에 친구들이 몰려든다고 한다. 하지만 이것은 성공에 대한 관점이나 패러다임이 변하고 있어서 그런 것일 뿐 약자에 대한 배려 차원에서 발생하는 현상은 아니다. 곰곰이 생각해 보면 한배를 타고 있는 동료들을 탓할 노릇도 아니다. 직장인 대부분은 말단일 때 상사들을 여러 가지 등급으로 나누어 대우하고, 어쩔 수 없이 공식적인 회식 자리를 가더라도 승진하지 못할 것 같은 선배에게는 술잔을 건네는 횟수가 상대적으로 적어지고, 그러한 선배가 2차, 3차 술자리를 함께 가자고 권유해도 이 핑계 저 핑계를 대고서 집에 일찍 퇴근한 경험이 있을 것이다.

이런 문제들은 요즘 심각한 사회 문제로 떠오른 '직장 왕따'와 무관하지 않다. 사실 예전에도 직장 왕따는 존재했었다. 1998년 12월 15일자 〈동아일보〉에는 '나의 왕따 지수는?'이라는 기사가, 1999년 5월 10일자 〈매일경제〉에는 '직장 왕따 행위 사법처리 한다'는 기사가 실린 적이 있다. 그러나 최근의 직장 왕따 문제는 학창 시절의 연장선인지, 아니면 성장지상주의의 부작용인지는 알 수 없지만 도를 넘어서 심각한 상황으로 치닫고 있다.

그렇다고 동료들이 나를 따돌리고 무시하는 것을 단지 사회의 부조리로 치부해서는 안 된다. 이는 직장이라는 정글에서 살아남기 위한 약육강식의 '밥그릇 뺏기 싸움'이기 때문이다. 그러므로 이런 세태가 옳으니, 그르니 하는 고민은 20~30대 초반의 청년 시절에 끝냈어야 한다. 직장에서 10년 차 이상이거나 40대 직장인이라면 그러한 세태를 이해하고 받아들여야만 회사 내에서의 자신의 포지션을 확고히 하고 3년 후, 5년 후의 미래를 준비할 수 있다.

몇 해 전 개그콘서트의 '나를 술 푸게 하는 세상' 코너에서 인기 개그맨 박성광 씨가 외친 말이 있다. '1등만 기억하는 더러운 세상!' 하지만 그것은 엄연한 현실이다. 동료들이 나를 좋아하지 않는다면 원인을 분석해 보고 그것이 태도나 성격에 관련된 문제라면 그것을 고치면 된다. 그러나 원인이 실력이나 실적에 있다면 진지하게 자신의 미래를 고민해 봐야 한다.

직장에서 지위가 불안정해지는 위기 징후는 굳이 평가를 통해 알 수 있는 것은 아니다. 오히려 직장 상사보다 동료들이 나를 어떻게 바라보고 있느냐로 쉽게 간파할 수 있다. 적색신호에 불이 들어온다면 내 자신의 미래에 대해 심각하게 고민하고 진지하게 미래를 준비해야 한다.

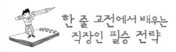

한 줄 고전에서 배우는
직장인 필승 전략

善用兵者, 修道而保法, 故能爲勝敗之政.

선 용 병 자, 수 도 이 보 법, 고 능 위 승 패 지 정.

－《손자병법》'군형' 편 －

◆　　◆　　◆

군대를 잘 운용하는 장군은 정치적으로 준비를 하고,

법제도를 확고하게 갖춘다.

따라서 승패의 주도권을 쥘 수 있다.

거듭되는 승진 실패,
상사는 나를 버리는가?

외국인들이 우리나라 국민의 특징을 묘사하는 대표적인 단어는 '빨리빨리'다. 운전을 하다 보면 조금만 양보해도 될 것을 시간에 늦을까 봐 끼어들기를 밥 먹듯이 하고, 식당에 들어가서 음식을 주문하면 금방 나오지 않는다고 짜증을 내고, 인생에서 가장 중요하고 의미 있는 행사인 결혼식조차도 무언가에 쫓기듯 30분 내에 해치워 버린다. 이러한 광경은 외국인들 사이에서 화젯거리라고 한다.

'빨리빨리 문화'는 개인뿐만 아니라 기업에도 고스란히 녹아 있다. 기업은 공정관리를 통한 생산 시간 단축, 최단 기간 내 판매 목표 달성, 재고 회전율 상승 등 속도와 관련된 사항을 경영목표로 잡고 있다. 그동안 이들 중 상당수의 기업이 경영목표를 달성하면서 빠른 성장을 이룩했고, 규모를 키울 수 있었다.

그런데 기업에 있어서 '빨리빨리 문화'는 생산이나 판매 부분에만 한정된 것은 아닌 듯하다. 인사 부문에 있어서도 '빨리빨리 문화'는 이미 조직 혁신, 젊은 조직론 등을 통해 그 모습을 드러내고 있다.

한번 포털 사이트에서 '40대 임원'을 키워드로 검색해 보라.

'생보사 고위 임원 젊어진다 - 〈아시아투데이〉(2013년 3월 31일)

'SK그룹, 부사장급 첫 40대 여성임원 나왔다' - 〈머니투데이〉(2013년 1월 18일)

'LG생활건강 여성·40대 임원 발탁 승진' - 〈머니투데이〉(2012년 12월 28일)

'CJ에 입사하면 30대에 임원 된다. 사원 → 임원 10년 승진제도 시행' - 〈아주경제〉(2012년 6월 26일자)

'삼성 40대 임원 시대 진입' - 〈이투데이〉(2011년 12월 13일)

'대기업 임원 확 젊어졌다 40대 5년 새 8%→26%' - 〈연합뉴스〉(2011년 4월 25일)

이처럼 몇 해 전부터 '40대 임원 발탁 승진', '신규 임원 60퍼센트가 40대' 등등 초고속 승진 관련 기사가 부쩍 눈에 띈다. 물론 업종마다 조금씩 다르기 때문에 일률적으로 적용할 수는 없지만, 임원의 평균 연령과 승진 연령이 젊어지는 것은 최근 기업의 인사 트렌드임은 분명하다.

위 기사들의 내용으로 추론해 보면 만약 능력만 뛰어나면 우리도 좀 더 이른 나이에 조기 승진할 수 있다. 하지만 문제는 이는 1퍼센트 이내의 극소수 능력자에만 해당되는 이야기일 뿐이라는 점이다. 이것은 곧 직장인의 99퍼센트는 퇴직연령이 예상보다 빠르게 다가온다는 것을 의미하기도 한다.

임원 승진을 하지 못한 관리직에 있는 사람들에게 젊은 임원의 등장은 그야말로 '당신은 직장을 쉽게 잃을 수 있다'라는 신호라고 할 수 있다. '장유유서(長幼有序)'의 미덕(?)이 사회풍토로 남아 있는 한국사회에서 젊은 상사를 모셔야 하는 나이 든 직원분들에게 이것은 재난에 가깝다. 그 밖에 직장 상사에 대한 뒷담화를 편하게 주고받던 입사 동기나 신입사원 시절 1, 2년 차 선배였기 때문에 코흘리개 시절 호형호제(呼兄呼弟)하면서 편하게 지냈던 선배를 하늘같은 상사로 극진히 모셔야 하는 불편한 진실도 있다.

물론 기업은 치열한 글로벌 시장에서 다국적 기업들과의 경쟁에서 살아남기 위해, 소비자 성향이 하루가 멀다 하고 무섭게 바뀌는 속도의 시대에 살아남기 위해 조직을 젊은 인력으로 대체해야 하는 것은 불가피한 선택일 수 있다. 문제는 이러한 기업의 추세와 다르게 우리 사회의 인구 구조는 마름모형에서 항아리 형으로 빠른 속도로 바뀌면서 40~50대의 직장인들뿐만 아니라 심지어 30대 후반의 직장인들도 설 자리가 매우 좁아지고 있다는 것이다.

김 차장은 요즘 들어 자주 잠을 자다가 악몽을 꾸면서 식은땀에
젖은 채 잠에서 깨곤 한다. 그의 비명 소리에 아내는 깜짝 놀라
'회사에서 무슨 일 있느냐?'는 걱정스런 표정으로 쳐다본다. 사정
은 이렇다.

김 차장은 회사에 10년 이상 다니면서 누구보다 성실하게 일
해 왔고, 그 대가로 조기 승진을 했다. 곧 다가올 정규 인사철에
팀장 자리는 확실해 보였다. 그런데 회사가 갑자기 '조직 혁신, 젊
은 조직론'을 기치로 내걸면서 외부에서 MBA를 수료한 40대 초
반의 이 부장을 팀장으로 채용함에 따라 김 차장은 자신과 나이가
비슷한 이 부장을 팀장으로 모시게 된 것이다. 이 부장은 연말 평
가 때 자신과 같이 입사한 강 차장에게 S평가를, 김 차장에게는
B평가를 주었다.

이 부장 밑에서 일하면 좋은 평가를 받기 어렵다고 생각한 김
차장은 부서 이동을 했지만, 호랑이를 피하면 범을 만난다는 말처
럼 이동한 부서에서도 김 차장과 연차가 비슷한 승진 대기자들이
다수 있었다. 새로 이동한 부서의 송 팀장은 인사 적체가 심하기
때문에 기존에 자기 밑에 있었던 조 차장과 장 차장에게 좋은 평
가를 우선 주게 되었고, 이에 밀린 김 차장은 올해도 B평가를 받
았다.

2년 연속 B평가를 받은 김 차장은 엎친 데 덮친 격으로 부장

승진마저 누락되었다. 요즘 김 차장은 문득문득 자신의 직장생활
이 얼마 남지 않았다는 생각에 심장이 뛴다.

위의 김 차장 사례에서 보듯이, 조직에서 자신의 의지와 상관
없이 승진 누락이 되는 경우가 많다. 그런데 이렇게 승진 누락
이 된 경우, 억울한 상황을 이해해 주는 상사가 곁에 있으면 그
나마 다행이다. 그런데 함께 일한 경험이 없는 상사를 팀장으로
모시는 경우(위 사례의 경우 송 팀장), 그 상사는 나의 승진 누락 배
경에 별로 관심이 없다. 왜냐하면 자신의 기존 부하 직원 챙기
기에도 바쁘기 때문이다. 그는 단지 전년도의 평가 결과만 보고
나를 판단할 뿐이다.

직장은 결코 학교가 아니다. 학교에서는 학년이 올라가 새로
운 담임을 만나면 전년도의 학급 친구들과는 어떻게 보냈는지,
말썽을 피운 적은 없는지 등을 파악하기 위해 전년도 담임선생
님과 전화 통화를 하는 경우가 종종 있다.

그러나 직장은 다르다. 위 사례처럼 전년도 평가가 B이면 그
사람은 그냥 B급 인재가 된다. 더 이상 부연 설명이 필요 없다.
B평가를 받게 된 배경을 잘 모르거나 알더라도 전혀 신경쓰지
않는다. 배경은 말 그대로 단지 배경일 뿐이다.

사원에서 대리 승진 또는 대리에서 과장 승진 때는 한 번 누
락되더라도 다음 해에는 대부분 승진한다. 하지만 직급이 차장
이나 부장의 경우는 다르다. 승진이 한 번 누락되면 계속 누락

될 가능성이 크다. 또한 대다수 인사 평가권을 쥐고 있는 상사는 자기 부하 직원에 대한 능력을 6개월 만에 판단한다. 그리고 S급 인재, B급 인재 등으로 등급을 정하고 거기에 맞게 일을 배분한다.

요즘 우리 사회는 개천에서 용 나기 힘든 사회라고 하지 않는가? 가난한 집안의 사람은 일류대학을 가기가 힘들거나 고시 합격이 어려워지는 등 우리는 이제 계층 이동이 어려운 사회에 살고 있다. 회사도 마찬가지다. 한번 B급 인재로 낙인찍힌 사람은 개천에서 용 나기 힘들 듯 이러한 낙인을 지우기는 상당히 힘들다.

회사 내의 S급, A급, B급, C급 인재에 대한 평은 빠르면 3년 차 이상, 늦어도 10년 차 이상 되면 완전히 계급처럼 굳어진다. 마치 고대 인도의 카스트 제도, 신라의 골품 제도, 조선의 양반 제도와 흡사하다. 이러한 계급에서 한 단계 신분 상승을 하는 경우는 약 5퍼센트 내외라 할 수 있다. 내가 만약 B급, C급 인재 인데 한 단계 신분 상승을 하고 싶다면(5퍼센트 안에 들고 싶다면) 뼈를 깎는 노력을 해야만 한다. 정말로 열정적으로 회사를 위해 헌신과 충성을 바치면서도 남들보다 2~3배 더 일해야 한다는 말이다.

즉, 남들이 하기 싫은 궂은일도 자진해서 맡거나 정말로 중요한 일을 적극적으로 한 번 더 기회를 달라고 해서 야근과 주말 특근을 자청해야 하며, 웬만한 술자리는 빠지지 말고 참석해서 사내 네트워크를 늘려야 한다. 또 하나 중요한 사항은 '골프'를 쳐야한다는 것이다. 주말의 야외 골프장에서 윗분들이 주고받는 회사 내 중요한 정보를 자신의 인사평가권자에게 전달해서 상사와 나의 관계를 '악어와 악어새' 관계로 만들어야 한다. 이는 승진이 누락되지 않고 물 흐르듯이 사다리를 올라가는 중요한 처세법이라 할 수 있다.

이러한 것들이 너무 어렵다고 생각되는가? 아니면 '뭐 그렇게까지 할 필요 있을까'라고 생각되는가? 물론 판단은 개인의 몫이다. 아무튼 거듭되는 승진 실패는 절대로 좋은 징조가 아니다. 곧 다가올 위기의 신호로 받아들여야 한다. 상황이 종료된 후 발을 동동 구르는 일이 생기지 않으려면 결정적인 순간에 상사가 나를 챙길 유형인지, 버릴 유형인지 유심히 눈여겨볼 필요가 있다.

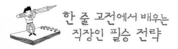
한 줄 고전에서 배우는
직장인 필승 전략

故明君賢將, 所以動而勝人, 成功出於衆者, 善知也.

고명군현장, 소이동이승인, 성공출어중자, 선지야.

– 《손자병법》 '용간' 편 –

◆　　◆　　◆

총명한 군주와 현명한 장수가

움직이기만 하면 승리하여 위업을 달성하는 이유는

먼저 적의 상황을 알고 있기 때문이다.

능력을 발휘할 수 있는 업무가
주어지지 않는다

사람은 누구나 자신의 역량에 비해 가치가 떨어지는 일을 맡게 되면 의욕이 떨어지기 마련이다. 그래서 최선을 다하기보다 건성으로 일하게 된다. 가치가 떨어지는 일을 맡긴다는 것은 그만큼 나의 능력을 평가절하한다는 뜻이 내포되어 있다. 그러니 자연히 일할 맛이 나지 않는 것이다.

요즘 대부분의 신입사원은 뛰어난 외국어 실력과 해외 경험 및 인턴 경력 등 우수한 스펙을 갖고 있다. 그래서 그들은 자부심과 자신감으로 가득 차 있어 직장 내에서 탁월한 능력을 발휘해 업무를 잘 해낼 수 있다고 스스로를 과대평가한다. 물론 이는 착각일 뿐이다.

직업세계에서의 현실은 결코 녹록치 않다. 신입사원들에게는 중요한 업무가 거의 주어지지 않는다. 그래서 신입으로서 당연히 거쳐야 하는 말단 업무를 하찮게 여기고, 급기야는 힘겹게 들어온 직장을 옮길까 고민한다. 하지만 직장은 드라마에서 보여지듯이 멋지고 화려한 업무만 있는 곳이 아니다. 아무리 전산 시스템이 발달한다고 하더라도 단순 운영(Operation) 업무는 존재하게 마련이다. 뿐만 아니라 아무리 열심히 하더라도 표시가 나지 않으면서 결과가 나쁠 경우 피해를 입게 되는 허드렛일(이하 잡무)도 존재한다. 직장인이라면 누구나 잡무를 맡기 싫어한다.

그렇다면 부서별로 어떤 잡무들이 있을까? 우선 간단하게 살펴보자.

:: 관리부서의 잡무

1. 회사가 보유한 자산에 대해 제때 세금을 납부해야 하는 고정자산 관리 업무

2. 정해진 시간에 반드시 신고해야 하는 부가세 신고 업무

3. 영업부서에서 요청한 시간 내에 자금을 출금해야만 하는 출납 업무

4. 신속한 상품 출고를 위한 담보 관리 업무

5. 관리를 잘못하면 사업이 취소될 수 있기에 신경을 많이 써야하는 인/허가 관리 업무

6. 기타 임직원 급여지급 업무, 복리후생 담당 업무

:: 영업부서의 잡무

1. 판매 목표를 달성하기 어려운 지역을 담당하는 경우

2. 고객으로부터 외면 받는 상품을 판매해야 하는 경우

3. 본인 소속 팀의 연간 판매목표 관리와 손익 관리를 담당하는
   경우

※ 위 나열 업무가 잡무인지 아닌지에 대해서는 개인마다 생각이 조금씩 다를 수
있고, 또 잡무라고 하더라도 자부심을 갖고 묵묵히 수행하는 사람도 있음을 말해
둔다.

그럼 누가 어떤 사유로 잡무를 맡게 될까? 내가 보기에는 크
게 두 가지 경우가 있다.

첫째, 입사 때부터 그 일만 계속하는 사람들이다.

개인적인 생각이지만 입사 초기에 어떤 업무를 맡느냐 하는
것은 어떤 직장에 들어가는 것보다 더욱 중요하다. 신입사원은
본인의 의지와 상관없이 업무를 부여받는 경우가 대부분이다.
A라는 신입사원이 잡무를 배정받았다고 가정하자. A는 신입사
원이기 때문에 참을 수는 있다. 누구나 입사 초기에는 잡무 수
행을 당연하게 생각하니까 말이다.

그러나 입사 3년 차 이후에는 생각이 달라진다. 동일선상에
서 출발한 동기들이 그럴싸한 일을 하면서 두각을 나타내기
시작하는 반면, 잡무를 수행하는 A는 아무리 일을 깔끔하게
처리해도 두각을 나타내기는 어렵다. 운이 좋아 같은 팀에 후

배가 들어온다면 잡무를 넘길 수 있지만, 기수 복이 좋지 않을 경우 동료나 선배에게 잡무를 넘겨야 하는데 이것이 쉬운 일이 아니다.

잡무를 넘기는 일은 일종의 사내 정치이며, 직장에서 진정한 두뇌 싸움은 이때 주로 발생한다. 3년 차 이후에도 잡무를 다른 사람에게 넘기지 못하면 자신은 그 일을 10년 이상 하게 될 가능성이 크다.

둘째, 직장 내 정치싸움에서 밀리는 경우다.

여기서 말하는 사내 정치란 잡무를 타부서에 이관하거나, 영업에 있어서는 판매 목표를 적게 할당받는 것 등을 의미한다. 잡무를 싫어하는 것은 실무자의 경우에만 해당하는 것은 아니다. 팀장, 임원 등 직책이 높은 사람의 경우도 마찬가지다.

아래 두 가지 사례를 살펴보자.

A팀은 직장 내 잡무를 두 개나 맡고 있다. 때마침 조직 개편 작업이 진행됨에 따라 팀별 업무 분장을 새로 짜는 중이다. 김 팀장은 이번 기회에 적어도 잡무 한 개는 옆 팀으로 넘겨주고자 한다. 그리고 이 일을 평소 업무처리 능력이 뛰어난 이 과장에게 지시했다. 하지만 이 과장은 잡무를 한 개도 옆 팀에 넘기지 못하고, 조직 개편이 마무리되었다. 화가 머리끝까지 난 김 팀장은 이 과장에게 잡무를 맡기기 시작했고, 이 과장은 김 팀장이 다른 부서로 이동하기 전까지 잡무에서 벗어나지 못했다. 이후 평가도 좋게 받

지 못했다. 일종의 보복성 문책인 것이다.

B팀과 C팀이 소속된 A본부는 소비자에게 외면받고 있는 P상품을 판매하라는 지시를 회사 경영진으로부터 받았다. A본부장은 B팀과 C팀 중 어느 팀에서 P상품을 팔게 할 것인지를 고민 중이다.

B팀의 팀장과 C팀의 팀장은 각각 자신의 팀원 중 한 명을 담당으로 지정하여 자신의 팀에서 P상품을 판매하게 되는 불상사만큼은 무조건 막으라는 지시를 내렸다. 이후 B팀의 담당 직원인 최 과장이 정치 싸움에서 밀려 B팀에서 P상품을 판매하게 되었다. 역시 화가 난 B팀의 팀장은 최 과장이 담당 중인 목 좋은 판매 지역을 팀 내 다른 직원에게 넘기고 평소 판매 실적이 제일 저조한 지역에 최 과장을 배정했다.

최 과장은 한숨을 크게 쉬며 향후 몇 년간 좋은 평가 받는 것을 아예 포기했다.

위의 사례처럼 직장 내 정치싸움에서 밀리면, 잡무는 그 사람의 몫이 될 가능성이 커지고 좋은 평가를 받는 일은 물 건너 간 것으로 볼 수 있다. 정치싸움에서 패배하면 지난날의 화려한 실적은 모두 묻혀버리기 때문이다.

그런데 문제는 여기서부터 시작된다. 위와 같이 잡무를 자신의 의지와 상관없이 오래 하게 되면, 중요한 업무 수행에 대한 감각이 계속 떨어지고, 동시에 자신감마저 떨어지게 된다. 어쩌다 한 번 중요한 업무를 맡게 되더라도 회사가 돌아가는 판세를 잘 이해하지 못해 실수를 할 가능성도 높아진다.

야구로 비교하면 2군 선수가 오랜만에 1군에 올라와서 수많은 관중 앞에서 실책을 저지르게 되는 셈이다. 본인이 주전이

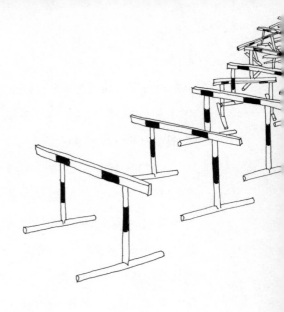

아니면 타격이나 수비에 대한 경기 감각이 떨어지는 것은 당연하다. 이때 안타를 치지 못하거나 수비 중 실책을 저지르면 야구 감독은 그 사람은 주전이 될 만한 재목이 아니라고 판단한다. 마찬가지로 잡무를 오랫동안 수행한 후 중요 업무를 처리하는 중 조그마한 실책이라도 생기게 되면 상사는 그 사람에 대한 업무처리 능력을 B급 이하로 단정지어 버린다.

중요 업무 수행도 자주 수행해야 마치 복리이자가 쌓이듯 실적이 쌓여 간다. 그런데 잡무만 계속해서 수행하게 되면 복리이자는 쌓이지 않고, 속된 말로 회사에서 '월급값'도 못하는 처지가 되고 만다. 경우에 따라 회사에 대한 마이너스통장의 이자가 쌓이게 된다. 그리고 그 마이너스통장의 이자가 누적되면 자연히 다음 구조조정에서 퇴출 1순위가 될 가능성은 높아진다.

마키아벨리의 《군주론》에 보면 "인간은 아버지의 죽음보다 자기 재산을 빼앗아간 사람을 좀처럼 잊지 못한다"라고 언급되어 있다. 나는 마키아벨리의 말을 이렇게 패러디하고 싶다.

"직장인은 아버지의 죽음보다 나를 직장에서 내치거나 나에게 잡무를 지시한 상사를 좀처럼 잊지 못한다."

직장에 가정의 생계가 달려 있는 만큼 직장인에게 있어 직장은 목숨처럼 소중하다. 그렇다 보니 직장에 목숨 걸고 충성하게 되는 것이다. 그런데 회사가 나를 인정해 주지 않고 오히려 변방으로 돌린다면 의욕 상실을 넘어서 배신감마저 느끼게 된다. 특히 학벌이 좋고 가방끈이 긴 사람일수록 직장에서 자신이 그만한 대우를 받지 못한다고 생각하는 경우가 많다. 그만큼 자신에 대한 기대치가 높기 때문이다. 기대가 크면 실망도 큰 법이다. 웬만해서는 상사에 대한 증오가 사라지지 않는다. 그러나 남을 원망한다고 내 미래가 보장되는 것은 아니다.

지금 회사에서 당신의 능력을 발휘할 수 있는 업무가 주어지지 않는가? 그렇다면 곧 다가올 위기 신호로 파악하고 원인을 철저히 분석해야 한다. 그리고 머지않아 찾아올 위기에 대비해 사전에 철저한 준비를 해 놓아야 한다.

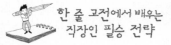

한 줄 고전에서 배우는
직장인 필승 전략

惟事事乃其有備, 有備無患.

유 사 사 내 기 유 비, 유 비 무 환.

- 《서경》'열명' 편 -

◆　　◆　　◆

모든 일은 다 준비가 있어야 하는 것이니

준비가 있으면 근심이 없게 될 것이다.

조직 개편에서 들려오는 경고음

회사는 조직 개편을 통해 인사이동을 한다. 우리 인체의 혈액이 원활하게 순환해야 신체의 힘이 솟는 것처럼 회사도 직원을 흐르는 물처럼 순환시켜야 조직 간에 시너지 효과를 얻을 수 있고, 직원들도 동기부여를 받게 된다. 그런데 이런 조직 개편이 때로는 직원들에게 독으로 작용할 수 있다.

회사가 조직 개편을 대규모로 진행하는 경우는 신규 사업에 진출하거나 기존의 사업을 철수할 때 이루어지는 경우가 많다. 즉 회사의 합병, 분할, 영업양도, 영업양수 등 우리가 흔히 듣는 M&A가 일어나는 경우에 조직 개편이 대대적으로 진행된다.

과학 기술, 정보통신 기술 등의 발달로 세상의 변화 속도가 갈수록 빨라지고, 소비자의 기호도 빠르게 변하기 때문에 기업은 M&A를 통해 끊임없이 신규 사업 진출과 기존의 사업 철수를 반복한다.

한때 휴대폰 시장에서 점유율 1위를 차지했던 세계적 기업 노키아는 스마트폰으로 넘어가는 시장의 흐름을 읽지 못한 탓에 지금은 주가가 반 토막 나면서 위기의 기업으로 몰락했다. 그러나 이 기업도 1990년대 성공적인 변화를 이룩한 적이 있다. 핀란드의 경제 대통령으로 불리는 요르마 올릴라가 노키아 회장으로 취임하던 1992년 당시 노키아의 주력상품은 고무, 제지, 펄프, 타이어 등이었다. 이때 요르마 올릴라는 만성 적자인 노키아를 회생시키기 위해 오랜 기간 동안 노키아를 이끌어 오던 고무, 제지, 펄프, 타이어 등 기존 생산 라인을 과감히 정리하고 휴대전화와 정보통신 인프라 사업에 주력하여 1999년 모토로라를 제치고 세계 제1위의 휴대전화 제조업체로 올라섰다.

그러나 노키아가 이러한 변혁을 통해 대성공을 거두기까지 한편에서는 큰 희생이 있어야 했다. 1990년대 당시 노키아에서 고무, 제지 등 기존 사업을 담당했던 상당수 직원들은 회사가 방향을 전환함에 따라 일자리를 잃었다. 현재 변화가 절실해진 노키아는 1990년대의 경험을 다시 한 번 반복하는 중이다. 최근 노키아는 본사 사옥을 매각하고, 기존 휴대폰 담당 직원들을 내보내고 있다.

기업은 끊임없이 변화하는 변화 속에서 추세에 발맞추어 카멜레온처럼 변신해야만 살아남을 수 있다. 또한 조직에 속해 있는 직원들도 기업의 변신에 조화를 이루어야 한다. 그렇지 않으면 회사가 위기에 처해 자의든 타의든 회사를 떠나야 하는 상황이 발생할 수 있다.

회사가 사업 철수를 결정했을 때 철수하고자 하는 사업부를 타사에 매각하게 되면 고용 승계가 이루어지기도 한다. 그러나 이는 대단히 운이 좋은 경우에 해당된다. 그런 경우를 제외하고는 철수하고자 하는 사업에 직·간접적으로 관여하고 있는 직원들은 회사 내 다른 부서를 알아봐야 한다. 그래도 갈 자리가 없는 직원들은 필연적으로 회사를 떠나게 된다.

그렇다면 회사가 사업 철수를 선언하면서 조직 개편을 대대적으로 할 때는 언제일까? 크게 세 가지 경우를 꼽을 수 있다.

첫째, 그 사업이 소비자의 외면을 받아 적자가 지속되면 회사는 생존을 위해 사업을 철수하거나 축소하는 조직 개편에 착수한다. 스마트폰이 등장하면서 MP3 플레이어 생산 파트가 대폭 축소된 것이 좋은 예다.

둘째, 정부 정책 때문에 사업을 철수하거나 축소하는 조직개편도 있다. 예를 들면, 동반성장위원회의 동반 성장 추진으로 중소기업적합 업종에 지정된 대기업의 사업부서가 구조조정을 추진 또는 검토하는 경우다.

위의 두 가지 사례는 운이 없는 경우에 해당한다. 이것은 사실 직장 상사도 어쩔 수 없는 불가항력적인 상황이다. 반면, 아래의 경우는 당하는 사람의 입장에서는 상당히 억울할 수 있다.

셋째는 신규 사업을 추진하다가 갑자기 사업이 중단되고 조직이 개편되어 버리는 경우다. 이것은 드문 경우이지만 가끔 정치적 이유 때문에 발생하기도 한다.

그 이유가 어떻든 간에 사업의 철수나 중단이 결정될 경우 해당 사업부에 남아 있는 직원들은 난파선에 탄 운명과 같다. 하루빨리 구명보트를 타고 다른 배로 옮겨 타야 하는 상황이지만 이것이 결코 쉬운 일이 아니다.

물론 회사는 명목상 철수하는 사업의 구성원들을 남김없이 타부서로 이동시키라는 명령을 내리지만, 난파선에 있는 선원과 승객 전부를 구출하는 것은 현실적으로 불가능하다. 구명보트에 탈 수 있는 정원이 한정되어 있기 때문이다.

회사는 가능한 한 철수하는 사업부의 직원들 상당수를 전환배치를 통해 구제하려고 하지만, 전원 구제는 공허한 구호일 뿐이다.

그럼 주로 어떤 사람들이 타 부서에 전환배치를 받지 못한 채 회사에서 퇴출될까?

첫째, 신규 사업 추진을 위해서 채용된 경력사원이 1순위가 될 가능성이 크다. 다음의 사례는 경력사원이 퇴출될 가능성이 높다는 위험을 한눈에 보여 준다.

A회사는 신규 사업으로 아르헨티나에 진출하기로 했다. 아르헨티나는 스페인어를 쓰기 때문에 스페인어가 능통한 직원을 경력사

원으로 채용했다. 하지만 여러 가지 사정으로 인해 아르헨티나에서 진행 중인 사업의 철수가 결정되자 자연히 아르헨티나 사업 관련 사업부서가 없어지게 되었다.

이때 회사에서 1순위로 정리된 사람은 경력사원으로 입사한 스페인어 능통자였다. 정리해고의 명분은 다음과 같다. '당신은 스페인어가 능통하니 어느 회사든지 갈 수 있지 않습니까? 능력이 뛰어나니 더 좋은 회사로 가십시오' 이렇게 스페인어 능통 경력자들은 권고사직을 받았다.

둘째, 철수하는 사업부에 장기 근속한 사람이 퇴출될 가능성이 크다.

어떤 회사든 사업을 철수하거나 중단하게 되면, 감사팀이 움직이기 시작한다. 사업 실패의 이유와 중단 사유에 대한 분석이 면밀히 이루어진다. 그리고 이때 어김없이 희생양이 탄생한다. 사실 털어서 먼지 안 나는 사람은 없다. 그렇지만 철수하는 사업부에 오래 근무한 직원이 먼지가 많은 법이다. 그러면 감사보고서에 보고할 사항이 많아진다. 그다음은 회사에서 그것을 빌미로 권고사직 처분을 내리게 되는 것이다.

그럼 조직 개편이 발생하기 전에 어떻게 처신해야 할까? 항상 눈과 귀를 열고 가급적 전략팀, 인사팀 직원들과 사내 네트워크를 공고히 하여 회사가 돌아가는 방향을 수시로 파악해야한다.

또한 사업의 돈벌이가 시원찮은데 가만히 놔둘 경영진은 없으니 자신이 수행하는 사업의 손익에 대해서 관심을 갖고 살피는 것도 반드시 필요하다.

이를 등한시하는 것은 마치 바다의 풍랑이 거세지는데 배의 운항에 대해 너무 안일하게 생각하는 선장과 다를 바 없다. 내 가족이 내 배의 승객임을 생각하면 밤하늘의 구름과 불어오는 바람의 세기, 빙하의 위치를 무시하는 사람은 없을 것이다.

조직생활을 하는 직장인은 누구나 조직개편의 바람이 불 것인지를 늘 예의주시해야 한다. 이는 조직에서는 피할 수 없는 숙명과도 같기 때문이다.

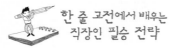

한 줄 고전에서 배우는
직장인 필승 전략

知彼知己, 百戰不殆. 不知彼而知己,

지 피 지 기, 백 전 불 태. 부 지 피 이 지 기,

一勝一負. 不知彼不知己, 每戰必殆.

일 승 일 부. 부 지 피 부 지 기, 매 전 필 태.

- 《손자병법》 '모공' 편 -

◆　　◆　　◆

상대를 알고 나를 알면 백번 싸워도 위태롭지 않다.

상대를 모르지만 자신을 잘 알면 한 번은 승리하고 한 번은 패배한다.

자신과 상대를 모두 알지 못하면 모든 싸움에서 패배한다.

회사에서
떠날 것인가 말 것인가

은퇴나 퇴직은 베이비부머 세대만의 문제는 아니다. 조직에 몸담고 있는 사람이라면 누구나 이러한 문제에 직면하게 된다. 요즘은 심지어 20대 직장인도 언제까지 직장에 남아 있을 수 있는지 알 수 없다. 그래서 신입사원들도 입사하는 순간부터 '나는 언제쯤 퇴직하게 될까?', '나는 직장에서 무엇을 배워서 퇴직 후 제2의 인생을 살 수 있을까?'에 대한 문제를 심각하게 고민하기 시작한다.

김미경 저자의 《꿈이 있는 아내는 늙지 않는다》에는 여자는 '직장', '결혼', '임신', '육아'라는 네 가지 산맥을 넘어야 한다는 내용이 나온다. 여자가 네 가지 산맥을 넘어야 한다면, 직장인에게도 넘어야 할 네 가지 산맥이 있다. 이 네 가지 산맥을 잘 넘어야 직장에서 오랫동안 밥그릇을 지킬 수 있다.

그럼 직장인의 네 가지 산맥은 언제 나타날까?

첫 번째 산맥은 바로 입사 후 6개월에서 1년 사이에 나타난다.

이때는 학교 다닐 때 꿈꿔 왔던 '나는 세계무대를 주름잡는 직장인이 될 거야!'라는 생각이 벽에 부닥칠 때다. 요즘 대학생들은 과거의 대학생들과는 달리 해외 경험도 많은 데다 어학도 영어는 기본이고 중국어나 일본어 등 제2외국어도 능통한 수준이다. 그래서 회사에 입사하면 오대양 육대주를 누비면서 해외시장을 개척하는 일을 하고 싶어 한다. 스펙이 좋은 학생들의 경우 해외에 지사가 많거나 수출을 많이 하는 기업을 골라서 입사한다.

그러나 회사에 입사하여 전략팀에 배치를 받으면 하루의 대부분을 파워포인트 작성으로 보낸다. 회계팀이나 세무팀, 기타 영업 본부의 스텝 부서에서 재무관리나 손익관리를 담당하게 되면 하루의 대부분을 엑셀과 씨름하면서 보낸다. 기타 인력팀, 홍보팀, 법무팀, 총무팀 등 관리부서에서 근무하면 업무의 대부분은 문서를 작성하는 일이다. 근무 중 영어를 말할 기회는커녕 쓸 기회도 거의 없다. 입사한 지 1년 뒤에 토익 시험을 보면 학교 다닐 때보다 적게는 50점에서 많게는 100점까지 떨어지기 시작한다.

해외 출장을 갈 기회가 많은 해외영업팀에 근무하는 입사동기에게 질투심이 느껴지기 시작하고 슬슬 이직 생각이 고개를 들기 시작한다. '외국어 실력을 썩히기 전에 내 미래를 준비해야지'라는 조바심이 앞선다.

두 번째 산맥은 입사 후 3년 차 때쯤 나타난다.

회사의 부서는 관리부서와 영업부서로 크게 나눌 수 있다. 영업부서에서 3년 정도 근무하면 관리부서 직원이 은근히 부러워진다. 우선 관리부서 직원은 실적에 대한 스트레스가 없는데 반해, 영업부서 직원은 항상 판매목표 달성에 대한 압박에 시달린다. 게다가 관리부서로부터 이런저런 간섭을 많이 받는다. 장기 채권 리스트나 장기 재고 리스트를 만들고 경영진에 보고하면서 회수와 판매를 마구 독촉한다. 장기 채권 회수나 장기 재고 판매가 얼마나 힘든지 현장을 잘 알지도 못하면서 말이다. 이럴 때는 관리부서로 이동하고 싶은 맘이 굴뚝같지만, 인사이동은 원한다고 되는 것이 아니다.

반면, 관리부서에 있으면 영업부서 직원들이 부럽기만 하다. 하루 종일 건물 안에서 PC만 쳐다봐야 하는 업무와는 다르게 잦은 외근과 출장이 있는 것이 마냥 부럽다. 특히 거래처로 갔다가 집으로 바로 퇴근할 수 있는 자유로움이 정말 부럽다. 법인카드로 거래처 접대 등의 용무로 마음껏 술을 마실 수도 있고, 또 회사에서 스트레스를 받으면 근무 시간에 자신이 좋아하는 일로 긴장을 풀 수 있는 것은 더욱 부럽다. 실적이라는 결과만 갖고 평가를 받기 때문에 좋은 실적만 낼 수 있다면 시간을 자유롭게 쓸 수 있는 것이 부러울 따름이다.

그런 생활이 너무 부러워 팀장에게 "내년에는 영업부서로 가고 싶습니다"라고 말하면, "일 년만 더 참으면 보내줄게"라는 대답만 돌아온다. 그래서 일 년을 꿋꿋이 버텨 보지만, 뜻밖에도 팀장이 교체된다. 이 갑갑한 생활을 언제쯤 벗어날 수 있을지를 고민하다가 대학원 진학이나 이직을 고려하기 시작한다.

세 번째 산맥은 입사 후 10년 차 정도에 나타난다.

이때는 팀의 중간 관리자로서 상당한 업무 추진력과 성과를 보여야 하는 때다. 또한 커뮤니케이션의 상대가 팀장뿐 아니라 상무님(본부장 등), 전무님(부문장, 부사장 등)까지로 확대된다. 즉, 아래 표1과 같은 커뮤니케이션 흐름이 이어져야 한다.

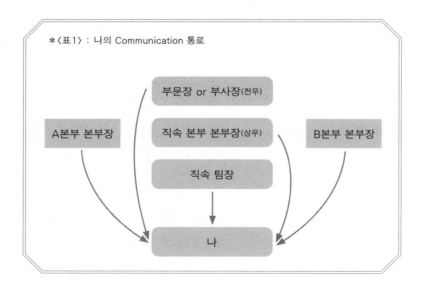

*〈표1〉: 나의 Communication 통로

부문장 or 부사장(전무)

A본부 본부장   직속 본부 본부장(상무)   B본부 본부장

직속 팀장

나

그런데 입사 후 10년 차 이상이 되어도 표1이 아닌 아래 표 2와 같은 커뮤니케이션 통로가 굳어졌다면, 자신의 업무 능력은 상급자에게 B급 이하로 전락한 것이다. 만약 자신이 대부분 팀장과 이야기하고 어쩌다 한 번 본부장과 대화한다면, 이것은 곧 임원은 물론 팀장이 될 가능성도 희박하다는 신호로 보면 된다.

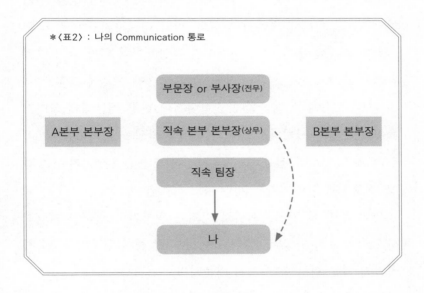

* 〈표2〉 : 나의 Communication 통로

그러므로 야망을 갖고 있고, '내 그릇이 이 정도밖에 안 되는가'라는 생각이 든다면 이직을 심각하게 고려해 봐야 할 때다. 이쯤 되면 갖가지 생각이 꼬리에 꼬리를 문다. '이 회사에서 높은 자리에 올라가는 것이 쉽지 않은데 내가 회사에 미련을 갖고 붙어 있을 이유가 있을까?' '차라리 나와 궁합이 맞는 회사를 찾아 떠날까?' 등등.

그러나 아무리 고민해 봐도 명쾌한 답은 떠오르지 않고 결정을 내리기가 쉽지 않다.

네 번째 산맥은 입사 후 15년 차에 나타난다.

각 회사의 직급체계는 조금씩 다르지만, 대체로 15년 차부터 늦어도 20년 차 사이에는 팀장이나 임원 등 부하 직원을 평가할 수 있는 자리에 올라서야 한다. 만약 이때까지도 자신이 평가자의 위치에 올라 있지 못하다면 직장생활이 얼마 남지 않았음을 스스로 느낄 것이다. 더욱이 많은 나이 때문에 이직도 쉽지 않다. 그렇다고 대학원에 진학하자니 한창 애들에게 학비가 들어가고 있는 시기여서 자신의 학비를 감당할 여력이 없다. 차라리 한직 업무나 잡무 수행을 자청하여 속된 말로 '가늘고 길게' 직장생활을 이어가는 게 낫다고 생각한다.

만약 운이 좋으면 자회사로 가거나 회사가 관리하는 대리점 사장으로 갈 수도 있다. 그러나 이것도 잘 풀린 경우다. 이런 자리마저 없는 회사는 더 많기 때문이다.

직장생활에서 세 번째 산맥이나 네 번째 산맥에 도달했을 때는 정신 무장을 단단히 해야 한다. 그리고 치열하게 인생 제2막을 준비해야 한다. 즉, 더 늦지 않게 회사를 떠날 것인가, 말 것인가를 냉철하게 고민해야 한다는 말이다.

나는 직장에서

어떤 위치에 있는가?

한 줄 고전에서 배우는
직장인 필승 전략

智者之慮, 必雜於利害.

지 자 지 려, 필 잡 어 리 해.

雜於利, 而務可信也.

잡 어 리, 이 무 가 신 야.

雜於害, 而患可解也.

잡 어 해, 이 환 가 해 야.

- 《손자병법》 '구변' 편 -

◆　　◆　　◆

지혜로운 자는 반드시 이익과 손해의 양면을 동시에 생각한다.

이익을 미리 계산해 두어야 자기가 하는 일에 확신을 가질 수 있고,

손실을 계산해 놓아야 근심되는 일을 배제할 수 있다.

승진이 두렵기만 하다

50대 중반의 김 상무. 올해 첫 임원을 단 그는 10년 전 두 번의 팀장 승진 누락과 5년 전 임원에서 세 번의 승진 누락이 요즘은 너무나 감사할 따름이다.

그의 동기들은 조기 승진하거나 연차에 맞게 승진하여 지금은 모두 회사를 떠났기 때문이다. 김 상무는 승진 누락 당시에는 매일 소주잔을 기울이며 회사를 원망하고 상사를 욕했는데, 지금 돌아보니 오히려 그것이 전화위복이 된 것이다. 비록 같이 승진한 임원들은 그보다 후배들이지만, 후배들과 퇴직 시점이 같다고 가정해 볼 때 자신이 더 남는 장사를 하고 있다는 생각에 우쭐함마저 든다.

예전에는 직장인이라면 누구나 승진을 갈망했다. 급여가 인상되면 내 집을 마련할 수 있고, 집의 평수를 늘릴 수 있으며, 더 좋은 자동차로 바꿀 수 있는 경제적 여력이 개선되기 때문이다. 또한 조직이 확대됨으로써 자신의 부하직원이 많아져 리더십도 향상되고, 더 나아가 자아실현이라는 기쁨도 맛볼 수 있었다.

설령 승진을 못하더라도 경제가 고도성장하는 시절인 덕분에 정년을 보장받을 수 있었다. 정년까지 회사를 다니게 되면 퇴직금으로 노후를 여유롭게 보낼 수 있었기에 미래에 대한 불안감 없이 회사를 다닐 수 있었다.

정년 제도는 사회보장 제도로서의 성격이 강하다. 정년 제도의 기원을 거슬러 올라가 보면 독일의 국민 영웅 '비스마르크' 재상이 최초로 도입했다. 1800년대 독일은 통일 전쟁, 프랑스와의 전쟁 등으로 전국 각지의 젊은이를 징집할 수밖에 없었다. 그런데 이 젊은이들이 전쟁이 끝나도 고향으로 돌아가지 않고 도시에 머물자 이들의 생계는 물론 치안에도 문제가 발생했다. 그래서 이들에게 적정한 근로를 보장해 주어야 할 필요성이 대두되었다.

이러한 사회적 배경 속에서 비스마르크가 정년 제도를 만들었다. 즉 나이 많은 노인은 공장에서 내보내고, 대신 젊은이들을 일할 수 있게 한 것이다. 이 정년 제도는 이후 각국으로 퍼져 전 세계에서 활용하고 있다.

이 정년 제도가 우리나라에서도 잘 활용되다가 IMF 이후로 크게 흔들리기 시작했다. 우리 경제가 세계 경제 체제에 편입되면서 기업의 생존이 내수 시장에 좌우되는 시대가 지났기 때문이다. 치열한 글로벌 시장에서 체력이 고갈된 기업들은 근로자들을 정년까지 보장해 주지 못한다. 반면 의학기술의 발달로 인간의 평균 수명은 해마다 연장되고 있다. 이 때문에 현재 대다수 직장인은 출생 후 20~25년 동안 배웠던 지식 이외에 새로운 지식과 기술을 익혀서 인생 제2막, 제3막을 개척해야만 하는 이중고(二重苦)에 시달리고 있는 실정이다.

회사의 근속 기간을 잘 살펴보면 생산직 근로자에 비해 주로 사무직 근로자가 정년을 보장받지 못한다. 사무직 근로자 중에서는 노동조합의 보호를 받는 만년 대리보다 승진을 한 사람들이 주로 정년을 보장받지 못한다. 임원은 당연히 계약직이므로 정년을 보장받지 못하지만, 근로기준법의 적용 대상이 되는 사무직 차장, 부장 등 직급이 높은 사람들도 대부분 정년을 보장받지 못한다.

그래서 요즘은 차라리 승진을 거부하고 노동조합의 울타리 안에서 정년을 보장받으려는 어처구니없는 상황이 발생하고 있다. 다음의 기사는 그러한 현실을 여실히 보여 주고 있다.

현대자동차의 고졸 출신 사무직 170여 명이 생산직 전환을 신청했다. 승진과 정년을 보장받기 어려운 사무직보다 노조원 자격으로 정년을 보장받는 생산직이 차라리 낫다는 이유에서다. 이처럼 사무직군이 대거 생산직으로 전환을 신청한 것은 현대차에서는 처음이며, 다른 제조업에서도 거의 전례가 없다.

현대차 노조는 이 같은 생산직 전환 신청이 사무직 고용 불안 때문이라고 했다. 현대차는 사무직의 경우 과장으로 승진하면 노조를 탈퇴해야 하지만, 생산직은 정년 때까지 조합원 자격을 유지할 수 있어 사실상 정년(만 60세)이 보장된다.

– '노조원으로 정년까지 보장. 생산직 전환신청', 〈조선일보〉(2012년 11월 29일).

김학찬 기자

위의 기사에 등장한 현대자동차 이외에도 순이익이 많이 나는 중공업회사, 정유회사, 조선회사 등 규모가 큰 제조업체의 생산직 근로자의 대다수는 정년을 보장받는다. 이를 보면 사무직 근로자에서 생산직 근로자로 전환하여 정년을 연장받으려는 직장인은 앞으로 계속해서 늘어날 것이다.

이제 '적게 벌더라도 오래 버는 것'이 직장인의 미덕으로 바뀌고 있다. 이는 2000년대 들어 등장한 '다운시프트(Downshift) 족' 출현이 직장에서 하나의 트렌드로 굳어질 가능성이 크다는 것을 의미한다. 다운시프트 족이란, 자동차를 운전할 때 저속 기어로 바꾸는 것처럼 고소득을 위해 회사 내 승진 전쟁에 뛰어들기보다는 비록 저소득일지라도 하고 싶은 일을 하며 느긋하게 살기 원하는 사람들을 가리키는 말이다. 그만큼 저소득일지라도 오랫동안 여유 있는 직장생활을 즐기면서 삶의 만족을 찾는 유형의 사람이 많다는 방증이다.

한편 철저한 능력 위주의 증권업계, 고객 트렌드가 빠르게 변하는 IT업계, 경기에 민감한 건설업계, 여행업계, 유통업계 등 제조업과 무관한 수많은 업계의 직원과 기타 제조업체라도 사무직으로 과장급 이상 승진한 직원들의 대다수는 정년을 채우지 못하고 퇴직하게 될 것이다.

참고로 관리 사무직의 경우 만년 부장이나 과장으로 정년까지 회사를 다니기가 쉽지 않다. 노조 가입조차 허용되지 않기 때문에 회사에서 권고사직을 종용한다. 이때 아무리 의지가 강한 사람이라 해도 변방으로 밀려나 그동안의 업무와 동떨어진 보직을 맡게 되면 오래 버티지 못하고 회사를 떠난다.

유통업체 김 부장은 오늘 아침 신문에 나온 A자동차의 파업 소식에 자신도 모르게 화가 치밀었다. 자신이 대학을 다닐 때는 학업도 뒤로한 채 매운 최루탄 가스를 마시고, 날아오는 돌을 맞으면서 생산직 근로자의 인권 보장을 위해 데모에 참가했다. 그런데 이제는 상황이 반대로 바뀌었다. 자신은 회사에서 언제 내몰릴지 모르지만, 생산직 근로자들은 정년 보장은 물론 대체 휴일제, 시간외 수당 등 온갖 복지를 누리면서도 정년 연장까지 얻어내려 발버둥 친다.

그는 '왜 그때 생산직으로 취업할 생각을 못했을까?', '아직 우리 애들은 어린데 어떻게 정년까지 버텨서 교육을 시킬 수 있을까?'라는 생각이 들며 매우 혼란스럽다. 이런 생각이 꼬리를 물고 이어지면서 미래를 보는 혜안이 부족했던 자신이 한없이 원망스럽기만 하다.

이제 대다수의 직장인이 원하는 것은 승진이 아니라 '생존'이다. 승진을 거부함으로써 정년까지 회사를 다닐 수 있다면 개의치 않는다. 승진을 거부할 수 없다면 승진이 누락되어서라도 회사를 오래 다니기를 원한다. 그래야만 인생 제2막을 준비할 수 있는 시간이 길어지기 때문이다.

당신은 승진을 떠올릴 때 가슴이 흥분되면서 행복해지는가, 아니면 오히려 두렵기만 한가? 만일 후자라면 '굿바이, 회사'를 해야 할 때가 왔다는 회사가 보내는 신호라는 사실을 간과해서는 안 된다. 이제 밥벌이가 아닌 인생 제2막을 위해 하루라도 빨리 본격적인 준비에 돌입해야 한다.

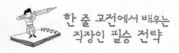
한 줄 고전에서 배우는
직장인 필승 전략

夫輕諾必寡信, 多易必多難. 是以聖人猶難之, 故終無難矣.
부경낙필과신. 다역필다난. 시이성인유난지. 고종무난의.

– 《도덕경》 제63장 –

◆　　◆　　◆

대개 가볍게 허락한 것은 반드시 믿음이 적고,

쉬운 것이 많으면 반드시 어려움이 도사리고 있다.

그러므로 성인은 언제나 어렵게 여기고 조심스럽게 일함으로써

마침내 어려움이 없게 된다.

chapter
2

자기계발의 덫에 빠진 직장인

자기계발서의
패러독스

패러독스(paradox)의 사전적 의미는 역설이다. 역설을 가장 쉽게 설명한 예는 우리가 어릴 때 한 번쯤은 들어본 '거짓말쟁이 패러독스(paradox)'다.

옛날 크레타 섬 출신의 예언자 에피메니데스는 "크레타 섬 사람들이 하는 말은 모두 거짓말이다"라는 말을 했다. 이 말을 생각해 보자. 에피메니데스가 말한 대로 크레타 섬 사람들이 하는 말이 모두 거짓말이라면, 크레타 섬 출신인 에피메니데스가 한 말도 거짓말이 된다. 따라서 크레타 섬 사람들이 하는 말은 모두 거짓말이 아닌 게 되는 것이다. 반면 에피메니데스가 거짓말을 한 것이라면, 크레타 섬 사람들이 하는 말이 모두 거짓말이 아니어야 하므로, 크레타 섬 출신의 에피메니데스가 거짓말을 했다고 할 수가 없게 되는 것이다. 결국은 에피메니데스가 한 말을 옳다고 할 수도, 틀리다고 할 수도 없는 것이다.

이와 같이 참(옳은 것)이라고 또는 거짓(틀린 것)이라고 하는 것이 모두 이치에 맞지 않아서 참이라고도 거짓이라고도 말할 수 없는 모순된 문장이나 관계를 패러독스(paradox) 또는 역설이라고 한다. 그런데 흥미로운 점은 요즘 한창 유행하고 있는 자기계발서 분야에도 이러한 패러독스 현상이 일어나고 있다는 사실이다. 일례로, 자기계발서에서 그 현상을 찾아볼 수 있다. 대형 서점에 가 보면 수많은 자기계발서가 넘쳐난다. 이는 선진국인 미국과 일본도 예외는 아니다. 취업을 위해 또는 직장에서 경쟁을 뚫고 살아남기 위해 오늘날의 현대인들은 광적으로 자기계발에 열중하고 있다.

자기계발을 꾸준히 하는 사람들은 지금의 모습보다 더 나은 자신의 모습을 꿈꾸며 자기계발서를 탐독한다. 또 쉬지 않고 상상력 계발, 외국어 능력 계발 등을 통해 자신의 강점이나 매력을 강화한다. 그리하여 좋은 기회가 왔을 때에 그 기회를 자신의 실력을 드러내는 수단으로 활용해 승진이나 연봉 인상 등에서 유리한 고지를 점한다. 이들은 마치 언제 쓰일지 모르는 순간을 위해 평소 쉬지 않고 칼을 벼리는 무사들과 같다.

나 역시 직장인으로서 자기계발에 관심이 많다. 그런데 어느 날 자기계발서를 읽던 중 문득 '나처럼 자기계발서를 탐독한 사람들은 모두 성공했을까' 하는 의문이 들었다. 주변을 살펴보더라도 자기계발서를 탐독하며 사는 사람이 자신의 분야에서 최고가 된 경우는 많지 않다.

여기서 당신에게 한 가지 질문을 던져 보겠다.

'자기계발은 (   )을 위해서 하는 것이다'라는 명제가 있을 때 당신은 (   ) 안에 무슨 단어를 집어넣겠는가?

예시는 다음과 같다.

성공, 행복, 승진, 부자 되기, 가족, 건강, 어학능력 향상, 리더십 향상, 대인 관계, 직장 탈출, 창업, 여유로운 삶, 힐링…….

많은 기업이 인적자원개발(HRD; Human Resources Development) 차원에서 매년 초 구성원들에게 자기계발 목표를 적으라는 과제를 준다. 직장인들에게 괄호 안에 단어를 넣으라고 하는데, 이때 70퍼센트 이상의 직장인들은 어학능력 향상, 그중에서 주로 TOEIC, HSK, JPT 성적 향상 등 주로 어학 시험 성적 향상을 적는다. 대다수가 공인 어학점수 향상을 자의 반 타의 반으로 적는 것이다.

그렇다면 괄호 안에 어학능력이라고 적은 직장인들의 어학 실력은 향상되었을까? 회사 동료와 친구들을 생각해 보면 오히려 그 반대인 경우가 많았다. 대학 시절보다 못한 경우가 태반이었다. 직장생활을 하면 공부 시간이 상당히 부족하기 때문에 운 좋게 해외 지사로 발령이 나서 해외 근무를 하지 않는 이상

학창 시절만큼의 어학 실력이 나오기는 매우 어렵다. 외국어를 사용하지 않는 부서에 오래 근무하면 어학 성적은 당연히 떨어진다. 그런데 회사는 자기계발의 수단으로 끊임없이 어학 성적을 대학생 시절로 돌려놓으라고 한다.

괄호 안에 어학성적 향상 대신 '성공'이라는 단어를 넣었다고 가정해 보자. 성공은 굉장히 넓은 의미의 개념이다. 직장에서 승진하는 것이 성공일 수 있고, 직장에서 일찍 나와 창업하는 것이 성공일 수 있다.

이번에는 괄호 안에 '여유로운 삶'을 넣는다고 가정하자. 여유로운 삶도 직장생활이 눈코 뜰 새 없이 바쁘지만 연봉을 많이 받는 관계로 내가 원하는 것을 여유롭게 살 수 있는 삶, 돈은 적더라도 절대 근로시간이 적어 여유로운 시간이 많은 삶, 돈이나 시간과 상관없이 도시를 벗어나 시골에서 유유자적하면서 살 수 있는 삶 등 천차만별일 수 있다. 즉, 괄호 안에 '여유로운 삶'이라는 단어 하나만 넣는다고 해서 나의 자기계발 목표가 명확해지는 것이 아니라는 뜻이다.

다소 극단적인 예일지는 모르지만 누군가 괄호 안에 '승진'이라는 단어를 넣었다고 가정하자. 승진을 위한 수단도 여러 가지가 있을 수 있다. 책을 많이 읽거나 공부를 통해 폭넓은 지식을 섭렵하는 것이 승진의 중요한 무기일 수 있지만, 직장을 다니다 보면 지식만이 승진의 절대적인 요건이 아니라는 사실을 절실히 깨닫게 된다.

승진을 위해선 지식 이외에도 업무 성과, 경험, 리더십 등을 비롯해 사내 네트워크 관리가 상당히 중요하다. 영업직원의 경우는 거래처 관리가 중요하다. 직장에서 사내 네트워크 관리, 거래처 관리를 잘하기 위한 가장 효과적인 수단은 회식자리다. 그다음은 아마도 상사와 치는 골프일 것이다. 회식에서는 사실상 술 잘 마시고 분위기를 잘 띄우는 사람이 인정받게 된다. 게다가 노래를 잘 부른다면 그야말로 금상첨화다.

그러므로 괄호 안에 승진을 넣는다면, 주량을 늘린다거나, 노래실력을 향상시키는 것도 자기계발 중의 하나일 수 있다. 그런데 왜 회식 자리 참석 횟수 늘리기, 거래처 방문 횟수 늘리기, 주량 늘리기, 노래 실력 향상은 보통 자기계발이라고 하지 않는 것일까? 어떻게 보면 우리는 덜 중요한 것에 눈을 돌리느라 가장 중요한 것을 놓치고 있는지도 모른다.

나는 요즘 진정한 자기계발이란 무엇인가에 대한 답을 찾기 위해 고민을 거듭하고 있다. 진정한 자기계발의 의미는 사람마다 다를 것이며, 이 해답을 찾는 과정은 구도의 과정과 다를 바 없다. 그래서인지 모르겠지만 몇 해 전부터는 자기계발서에서 답을 찾지 못한 사람들이 인문서로 몰리고 있다.

제대로 된 자기계발을 하기 위해선 무엇보다 앞에서 던진 질문의 괄호 안에 자신에게 가장 절실한 단어를 넣을 수 있는 사람만이 제대로 된 자기계발을 할 수 있다. 반대로 괄호 안에 단어를 제대로 넣지 못하거나 넣었다고 하더라도 그저 소망과 같

첫바퀴의 삶을 벗어나려면

어떻게 해야 할까?

은 의미의 단어를 넣는 사람은 꿈과 삶의 목적, 인생의 가치관이 정확하게 정해지지 않은 사람이다. 즉, 괄호 안에 목표가 명확하게 전달되는 단어를 넣지 못하는 한, 자기계발서를 계속해서 읽어봐야 다람쥐 쳇바퀴 도는 인생에서 달라질 것이 없다. 대다수 직장인은 명확한 목표 없이 맹목적으로 자기계발을 하고 있다. 그리하여 자신이 정말로 원하는 것이 무엇인지도 모르고 다시 자기계발의 덫에 빠지게 된다. 잠시라도 쉬면 쓰러지는 팽이처럼 되지 않기 위해 끊임없이 자기계발에 대한 압박을 받는다. 이는 갈증을 해소하기 위해 마신 바닷물이 오히려 갈증을 불러일으키는 것과 다르지 않다.

현재 직장에 몸을 담고 생계를 유지하는 모든 직장인은 하루하루가 살얼음판일 것이다. 하루를 살았다는 것은 하루만큼 자신을 벼랑 끝으로 내몰았다는 뜻이기도 하다. 어쩌면 그렇게 절박하기에 다들 지푸라기라도 잡는 심정으로 자기계발서의 패러독스에 빠져 있는지도 모를 일이다.

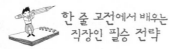

한 줄 고전에서 배우는
직장인 필승 전략

曲則全, 枉則直, 窪則盈, 敝則新, 少則得, 多則惑.
곡 즉 전, 왕 즉 직, 와 즉 영, 폐 즉 신, 소 즉 득, 다 즉 혹.

- 《도덕경》 제22장 -

◆　　◆　　◆

굽으면 온전해지고, 구부리면 곧게 되며,

파여 있으면 채워지고, 해지면 새롭게 된다.

적으면 얻게 되나, 많으면 어지러워진다.

지나친 자기계발,
가속화되는 조직 내 왕따

   윤 과장은 근무 외 시간을 절대 헛되이 보내지 않는 직원으로 사내에서 정평이 나 있다. 그는 새벽 시간이나 퇴근 후의 시간을 철저히 자기 몸값을 올리는 데 투자한다. 그가 이런 습관을 갖게 된 데는 자기계발서의 역할이 컸다.

   20대 때 처음 접한 자기계발서는 그의 가슴을 설레게 했다. 그리고 틈나는 대로 자기계발서에 밑줄을 그으면서 책에 나온 대로 따라 하기 시작했다. 항상 긍정적인 마음으로 성공을 꿈꾸고 있는 그는 직장인의 살길은 공부밖에 없다고 굳게 믿고 있다.

   그는 회사에서 자기계발서 마니아로도 유명하다. 그의 회사 사무실 책상에는 업무와 관련된 서적 이외에 《시크릿》, 《회사가 붙잡는 사람들의 1% 비밀》, 《지금 힘들다면 잘하고 있는 것이다》 등의 자기계발 서적으로 가득 차 있어서 동료들이 가끔 그에게 책을 빌려 읽는다.

그런데 그런 그에게 최고의 복병이 생겼다. 다름 아닌 바로 맞벌이를 하고 있는 아내다.

아내는 늘 남편 혼자서 자기계발에 매진하는 것에 대해 불만이 컸다. 퇴근 후에 아이들 숙제를 봐 주는 것은 언제나 아내의 몫이다. 아침 출근 시간이 바쁜데도 남편은 학원에 가야 한다며 새벽에 나갔고, 그 빈자리는 고스란히 아내가 떠안았다. 아내는 반찬 투정하는 아이들에게 한바탕 아침먹이기 전쟁을 치른 후 과제물을 챙겨서 아이들을 등교시켜야 했다. 그리고 나면 시간은 어느새 훌쩍 지나가 있다. 그래서 늘 업무 시간 5분 전에 사무실에 들어선다.

윤 과장이 어느 날 집에 들어오니 아내가 뾰로통해 있다.

"이제 학원 좀 그만 다녀! 공부하듯이 아이들한테 신경 좀 써. 그리고 당신처럼 나도 공부하고 싶은 마음 굴뚝같거든. 사실 학교 다닐 때 내가 당신보다 성적이 더 좋았던 거 까먹었어? 학원 가야한다고 일찍 출근했다가 늦게 퇴근하고, 회식이라면서 또 늦게 퇴근하고. 정말 지긋지긋해."

그러자 윤 과장이 응수했다.

"당신 힘든 건 아는데, 회사에서 살아남으려면 어쩔 수 없다는 것쯤은 잘 알잖아. 같이 회사생활하면서 말야."

그렇게 아내를 달래가면서 그는 다음 달에도 영어 회화 학원에 등록했다.

그러자 참다못한 아내가 폭탄선언을 했다.

"나도 회사에서 승진하고 싶어. 그러니 당신처럼 아침마다 학원에 갈 거야. 이제 나도 모르겠어. 당신 인생만 소중한 게 아니거든. 만일 나 학원 못 가게 하면 회사 그만두고 대학원이나 외국 유학 준비할 거야!"

난감해진 윤 과장은 어떻게든 아내의 마음을 돌려 보려고 학원 수업도 줄이고, 회식 자리도 조금은 줄였다. 하지만 화가 단단히 난 아내의 마음을 돌리기에는 역부족이다.

김 과장도 윤 과장처럼 자기계발서에 빠져 산다. 집과 직장의 통근 거리가 원거리임에도 불구하고 새벽에는 수영을, 저녁에는 학원을 열심히 다니면서 자기 몸값을 올리기 위해 고군분투하고 있다. 동료들이 "퇴근 후 술 한 잔 어때?"라고 물으면 그때마다 학원에 가야 한다며 손사래를 쳤다.

공적인 회식이 아닌 사적인 회식 역시 어떤 핑계를 대서라도 빠졌다. 회식에 참석했다가는 1차로 고깃집, 2차로 호프집, 3차로 노래방까지 가는 바람에 다음 날은 물론 며칠 동안 회식 후유증을 앓게 된다. 물론 본부장 등 윗분들이 회식을 잡으면 빠질 순 없다. 그러나 그런 공식 회식이 아닌 사적인 회식은 미래에 도움이 안 되기 때문에 가급적 회식을 거절하고 공부와 건강 챙기기에 몰두했다.

그런데 어느 날부터인가 동료들이 회식 때 자신을 부르지 않는 것이었다. 학원 수업이 없는 날인데도 자신에게 물어보지도 않고 자기네들끼리 나갔다. 그는 '그동안 너무 했나'라는 생각이 들어 오늘은 먼저 팀 동료들에게 말을 건넸다.

"김 대리, 오늘 가볍게 맥주 한잔할까?"

"김 과장님! 제가 오늘 약속이 있어서 먼저 가 볼게요."

이뿐만이 아니다. 김 과장은 업무에 꼭 필요한 보고서를 동료들에게 보여 달라고 부탁했지만, 동료들은 이 핑계 저 핑계를 대면서 차일피일 미루기 시작했다. 즉, 결국 김 과장은 왕따를 당하기 시작한 것이다.

이즈음에서 상사도 예전 같았으면 가볍게 한 마디 지적할 일에 대해 김 과장을 질책하기 시작했다.

"김 과장, 기안서 올리라고 한 지가 언젠데 안올리는 거야? 자기계발에 집중하느라 업무에 소홀한 거 아니야? 조직생활에서 자기 것만 챙기는 것은 좋지 않아. 회사는 엄연히 비전 실현을 위한 공동생활을 하는 곳이야."

김 과장은 상사로부터 자주 경고성 발언을 듣자 정신이 번쩍 들었다.

첫 번째 사례는 우리 사회에 맞벌이 부부가 증가하면서 생긴 새로운 풍속도다. 요즘은 여자들도 커리어 우먼으로서 회사에서의 승진 욕심도 많고 배움에 대한 갈망도 남자들 못지않다.

부부 관계에서 육아는 공동 권리이자 의무인데, 자신만 회사에서 살아남겠다고 자기계발에 몰두하면 아내와의 관계에서 불협화음이 생길 수 있다.

또한 엄한 아버지에서 다정한 친구 같은 아빠로 바뀌는 요즘의 시대상에 비추어 볼 때, 아이들과 함께하는 시간이 상대적으로 줄어드는 것도 아버지로서 바람직하지 못하다. 이렇듯 지나친 자기계발은 아내와 아이들에게 원망을 듣거나 가족 관계에 금이 가게 하는 위험 요소를 안고 있다.

두 번째 사례는 조직 내에서 자기계발이 얼마나 어려운가를 단적으로 보여 준다. 팀원이든 팀장이든 직장에서 상사의 눈치에서 자유로운 사람은 없다. 업무상 야근이 필요할 경우는 당연히 야근을 해야 되며, 그 이외에 상사가 회식을 제안하거나 스크린골프를 치자고 할 때 개인 약속이나 학원 수강을 이유로 거절할 수 있는 강심장(최근에는 '자유로운 영혼'이라는 표현을 많이 쓴다)은 거의 없다. 특히 경기가 안 좋은 때일수록 그런 식으로 행동하면 회사를 나갈 각오를 해야 한다.

그런데 일부 자기계발서들을 보면 상당히 비현실적인 이야기가 많이 담겨 있다. 자신의 꿈과 미래를 위해 집에서 가족들과 텔레비전 보는 시간에 독서와 같은 생산적인 일을 하라고 말한다. 또 퇴근 후에는 학원에 가서 공부하여 샐러던트(공부하는 직장인)가 되라고 권한다. 직장에서의 회식이나 동료, 친구들과의 약속이 내 꿈과 미래에 도움이 되지 않는다면 거절하라고 조언한다. 물론 틀린 말은 아니다. 다만 20대 학생이나 취업 준비생이 아닌 직장인이, 그것도 미혼이 아닌 기혼에 아빠 역할을 해야 하는 일반 직장인의 경우는 대다수가 실행하기 힘든 요소들이다.

직장생활에서 회식이나 야근은 적어도 일주일에 한 번 이상은 있다. 그렇다면 회식 한 번과 야근 한 번을 하면 정시 퇴근일은 3일이다. 이 3일을 모조리 학원 수강이나 대학원 수업, 운동 등에 투자함으로써 귀가 시간이 늦어진다면 가정불화는 불을 보듯 뻔하다. 만일 가정의 불화를 막기 위해 회식에 빠지게 된다면 동료들에게 왕따를 당하는 일은 감수해야 한다. 이 상황이 심화될 경우 사람마다 정도의 차이는 있겠지만 직장에서 자신의 입지가 줄어들게 된다.

그렇다고 자기계발을 하지 말라는 말은 결코 아니다. 다만 자기 자신을 둘러싼 수많은 상황을 다각도로 고려하지 않고 자기계발에만 몰두하면 주변 사람들을 피곤하게 만들 수 있다. 또한 가정과 직장에서 자신의 입지가 좁아지는 상황에 처하게 된다.

가정과 직장이라는 두 마리 토끼를 잡기 위해선 자기계발에만 매진해서는 안 된다. 일과 가정의 균형을 잃지 않는 선에서 자기계발을 하는 것이 가장 현명한 방법이다.

한 줄 고전에서 배우는
직장인 필승 전략

名與身孰親, 身與貨孰多, 得與亡孰病, 是故甚愛必大費,
명 여 신 숙 친, 신 여 화 숙 다, 득 여 망 숙 병, 시 고 심 애 필 대 비,

多藏必厚亡, 知足不辱, 知止不殆, 可以長久.
다 장 필 후 망, 지 족 불 욕, 지 지 불 태, 가 이 장 구.

- 《도덕경》제44장 -

◆　　◆　　◆

명예와 목숨 중에 어느 것이 소중한가?

생명과 재물 중 무엇이 중요한가?

얻는 것과 잃는 것 중 무엇이 더 걱정인가?

이런 이유로 너무 아끼면 크게 낭비하며, 많이 쌓아 두면 크게 잃게 된다.

만족할 줄 알면 욕됨이 없고, 멈출 줄 알면 위태롭지 않으니,

이로써 오래 살며 늙지 않는다.

직장인 사춘기 증후군
극복하기

　조용필에 열광한 50대, 박남정에 열광한 40대, HOT에 열광한 30대, 소녀시대에 열광한 20대, 이 모든 세대의 직장인들에게는 한 가지 공통점이 있다. 그것은 직장인 사춘기 증후군을 한 번 이상 겪었거나 현재 겪고 있는 중이라는 점이다.

　10대 시절에는 누구나 자신이 열광하는 가수가 있었다. 자신이 좋아하는 가수의 브로마이드를 구매해서 방에다 걸어 놓고 그 가수의 노래에 열광하면서 일탈을 꿈꾸었다. 또한 '나의 정체성은 무엇이고, 나는 어디로 가게 되는 것일까?'에 대한 진지한 생각도 한 번쯤은 해 보았다. 10대 때는 자아 정체성이 흔들리면서 사회의 모든 현실에 불만을 가졌던, 말 그대로 질풍노도의 시기였다.

그때 그 시절의 감성이 직장인에게도 종종 나타난다. 신입사원 시절에는 누구나 초등학생처럼 꿈과 목표, 호기심과 열정을 갖고 최선을 다해 일한다. 직장에서 하고 싶은 일도, 되고 싶은 직위도 있다. 그러다 시간이 지나면서 학생 신분이었을 때 상상했던 직장생활과 현실에 맞닥뜨린 직장생활의 괴리를 느끼면서 좌절감을 느끼게 된다. 괜히 일하기 싫어지거나 어디론가 훌쩍 떠나고 싶어질 때가 생긴다. 자신도 모르게 '직장인 사춘기 증후군'을 겪게 되는 것이다.

'직장인 사춘기 증후군'이란 직장생활에 대한 회의감으로 뚜렷한 이유 없이 업무에 불만을 갖는 증세를 청소년 사춘기에 빗댄 신조어다. 현재 직장인 10명 가운데 8~9명이 직장인 사춘기 증후군을 앓고 있다.

직장인의 생활과 심리를 잘 표현해 직장인들에게 큰 인기를 끌었던 드라마 〈직장의 신〉에 보면 직장인들의 심금을 울린 내레이션이 나온다.

"누구나 한때는 자기가 크리스마스트리인 줄 알 때가 있다. 하지만 곧 자신은 그 트리를 밝히는 수많은 전구 중 하나에 불과하다는 진실을 알게 된다. 그리고 머지않아 더 중요한 진실을 알게 된다. 그 하찮은 전구에도 '급'이 있다는 사실을……."

자신이 트리가 아닌 전구임을 알게 될 때 '직장인 사춘기 증후군'이 시작된다. 그리고 그 전구에 급이 있음을 알게 될 때 대다수의 직장인은 심한 '사춘기 앓이'를 하게 된다. 한 설문 조사에 의하면, 입사 3년 차에 사춘기 증후군이 본격적으로 찾아온다고 한다. 이때 답답한 마음에 서점을 찾게 되는데 수많은 여행 책이 눈에 띄기 시작한다. 《지도 밖으로 여행하라》, 《스페인 너는 자유다》, 《지금이 아니면 안 될 것 같아서》 등의 여행서적을 보노라면, 새장 속에 갇힌 자신이 초라하게 느껴지고, 모든 속박을 벗어던지고 어디론가 떠나고 싶은 생각이 든다.

그러나 현실을 돌아보면 열흘 이상 휴가를 내기는 어렵다. 만약 갖은 핑계를 대고 일주일 정도 자유를 만끽하며 휴가를 다녀오면 답답한 마음이 사라질까? 문제는 달콤한 휴가가 끝나고 회사에 복귀하자 모든 것이 다시 제자리로 돌아와 이전의 생활과 감정이 반복된다. 그렇다면 이것은 '직장인 사춘기 증후군'을 앓고 있는 것일까?

《하지현 박사의 소통 공감》이라는 책을 보면 아래와 같이 '직장인 사춘기 증후군 자가 진단법'이 나온다.

1. 지금 하는 일이 매우 익숙하긴 하지만 재미가 없다. □
2. 월급 받는 재미라도 없으면 벌써 그만두었을 것이다. □
3. 앞으로 평생 할 일이 무엇인지 모르겠다. □
4. 내가 정말로 좋아하는 일이 무엇인지 모르겠다. □
5. 최근 들어 직장상사가 이유 없이 밉고 그가 무슨 말을 하든 간에 짜증이 난다. □
6. 현실적 대책은 없지만 어디론가 멀리 가 버리고 싶다. □

7. 혼자서 세계여행 계획을 세워본 적이 있다. ☐

8. 유학을 간 친구들이 너무 부럽고 나만 뒤처지는 기분이다. ☐

9. 의욕적으로 추진했던 사업계획이 거부되었는데 도대체 납득할
   수 없다. ☐

10. 나는 원래 이런 일을 하면서 살 사람이 아니라는 생각을 자주
    한다. ☐

위의 10개 항목 중 7개 이상에 해당되면 이미 '직장인 사춘기'를 겪고 있는 중이다. 직장인 사춘기를 겪고 있는 직장인들 중 일부는 정말로 직장을 그만두는 일탈을 감행하기도 한다.

취업포털사이트 잡코리아가 직장인 681명을 대상으로 직장인 사춘기 증후군에 대하여 조사한 결과, 84.9퍼센트가 '직장인 사춘기 증후군'을 경험했다고 밝혔다. 그것의 극복 방법으로 제시된 항목은 다음과 같다.

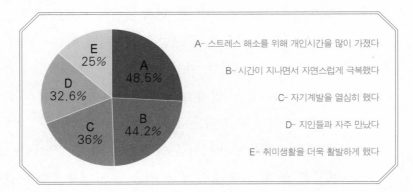

A- 스트레스 해소를 위해 개인시간을 많이 가졌다

B- 시간이 지나면서 자연스럽게 극복했다

C- 자기계발을 열심히 했다

D- 지인들과 자주 만났다

E- 취미생활을 더욱 활발하게 했다

그럼, 위와 같은 방법을 통해 정말로 직장인 사춘기 증후군을 해결할 수 있을까? 물론 문제 해결의 열쇠는 자기 자신이 쥐고 있다. 다만 위의 항목들처럼 복잡하게 생각할 것 없이 조금 단순화시키면 사춘기 증후군을 보다 쉽게 극복할 수 있다.

어느 은행에서 퇴직 예정자를 대상으로 유명 소설가에게 강연을 부탁한 적이 있다. 당시 내가 아는 지인도 그 강연을 들었는데, 소설가는 강연에서 이런 말을 했다고 한다.

"제 지인들 중에도 직장을 그만두고 심심하다고 하소연하는 분이 참 많습니다. 그런 말을 들을 때마다 저는 이렇게 물어봅니다. 그렇게 오래 직장에 다녔는데, 직장일 말고 하고 싶은 일이 그렇게도 없습니까?"

이처럼 대다수의 직장인은 직장을 오래 다닐수록 조직에 매몰되어 자신이 정말로 하고 싶은 일이 무엇인지 잊어버리게 된다. 마치 기억상실증 환자처럼 자신이 어렸을 때, 젊었을 때 좋아했던 일을 완전히 잊어버리고 살게 되는 것이다.

만일 사춘기 증후군을 앓고 있다면 먼저 자신이 정말로 원하는 것을 찾아야 한다. 그것을 이룬 모습을 상상하면 가슴이 설레거나 두근거림을 느낄 것이다. 자신이 진정으로 원하는 일을 찾았다면 그다음은 그 일을 '언제 하느냐'를 결정해야 한다. 이것을 단순화시키면 크게 두 가지를 꼽을 수 있다.

첫째, 직장에서 오랫동안 버텨서 돈을 모아 은퇴 후 하고 싶은 일을 하는 것. 둘째, 하고 싶은 일을 지금 당장 실행에 옮기는 것.

아트스피치의 김미경 원장은 자신의 이름을 딴 〈김미경 쇼〉에서 첫번째를 강조하는 강연을 했다. "꿈과 돈 그것이 문제가될 때는 돈부터 벌어야 한다." 꿈과 돈의 성분은 똑같으며 돈을벌게 되면 꿈을 이룰 실력도 쌓이게 되며 그 꿈을 이룰 수 있는강력한 스폰서를 만나게 된다는 것이다.

하고 싶은 일을 지금 당장 실행하라는 말은 수많은 성공자나자기계발 작가가 강조하는 말이다. 또한 지금으로부터 2000년전 공자도 이와 비슷한 말을 했다. "천재는 노력하는 사람을 이길 수 없고, 노력하는 사람은 즐기는 자만 못하다. 아는 것은좋아하는 것만 못하고, 좋아하는 것은 즐기는 것만 못하다(子曰, 知之者不如好之者, 好之者不如樂之者)."

하고 싶은 일을 찾는 것이 인생의 전략이라면, 그 일을 언제하느냐의 문제는 전술의 문제다. 그런 인생 전략을 만들지 않으면 직장인 사춘기 증후군을 극복할 수 없다. 설령 극복했다 하더라도 다시 찾아오게 마련이다.

'언제 하느냐'에 대한 정답은 없다. 그 정답은 자기 자신만이알고 있다. 자신에게 최적화된 정답을 찾는 사람만이 직장인 사춘기 증후군을 쉽게 극복할 수 있을 뿐 아니라 남은 인생을 성공적으로 만들어 갈 수 있다.

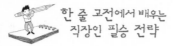

夫未戰而廟算勝者, 得算多也.

부 미 전 이 묘 산 승 자, 득 산 다 야.

未戰而廟算不勝者, 得算少也.

미 전 이 묘 산 불 승 자, 득 산 소 야.

多算勝, 少算不勝, 而況於無算乎!

다 산 승, 소 산 불 승, 이 황 어 무 산 호!

吾以此觀之, 勝負見矣.

오 이 차 관 지, 승 부 견 의.

- 《손자병법》 '시계' 편 -

◆　　◆　　◆

전쟁을 시작하기 전에 가장 중요한 일은 묘산,

즉, 조정에서 세우는 계책과 계산을 통해 얻어진 승산이 얼마나 되는가 하는 것이다.

승리가 예상되는 이유는 승리할 조건을 갖추었기 때문이다.

승산이 많으면 승리할 것이고, 승산이 적으면 패배할 것이다.

하물며 승산이 없다면 어떻게 되겠는가.

나는 이것으로써 승부를 미리 예견할 수 있다.

파랑새 증후군에 시달리는
직장인들

최근 한 조사에 따르면, 직장인 10명 중 6명은 '파랑새 증후군'이 있는 것으로 나타났다. '파랑새 증후군'이란 현실에 만족하지 못하고 이상만을 추구하는 증세를 가리킨다. 직장에서 파랑새 증후군은 신입사원에게서 주로 나타나고, 대기업보다는 중소기업에 몸담고 있는 직장인들에게서 더 많이 나타난다.

'파랑새 증후군'에 걸린 직장인은 현재 다니고 있는 직장보다 더 나은 직장이 있을 거라는 기대감만 갖고 끊임없이 새로운 직장을 탐색한다.

중견기업에 다니는 H 씨가 있다. 직장인 3년 차로 조만간 대리급 승진을 앞두고 있다. 그런 그가 여전히 신입사원 공채 소식에 귀를 쫑긋 세운다. 오늘도 퇴근 후 취업정보 커뮤니티를 들락거린다. 그가 바라는 직장은 대기업이다. 지금 다니고 있는 직장도 건실한 중견기업으로 구직자들이 입사하기를 간절히 희망하는 곳이다. 하지만 그는 "이왕 시작하는 거 근무 조건이 좋은 대기업에서 시작하고 싶은 마음은 누구나 같지 않을까요"라고 반문한다.

새로운 직장을 탐색하는 이유는 근본적으로 현 직장에 만족하지 못하거나 비전을 찾지 못해서다. 즉, 직장인 파랑새 증후군에 걸렸다는 것은 직장 내에서 비전을 찾지 못했다는 말과 일맥상통한다.

나 역시 입사 때부터 선배들로부터 "우리 회사는 비전이 없어"라는 말을 수도 없이 들었다. 비단 회사 선배들뿐만 아니라 동년배의 다른 회사를 다니는 친구, 선후배들도 자신들이 다니는 직장에서 비전을 찾지 못하고 방황하는 경우를 많이 보아 왔다. 그만큼 직장인의 삶이 팍팍하고 만족스럽지 못하다는 뜻이다.

많은 직장인이 비전을 찾아서 이직이나 대학원 진학, 자격증 공부, 외국어 공부를 한다. 그런데 이런 공부들이 자신이 안고 있는 암울한 문제들을 모두 해결해 줄 수 있을까?

먼저 자기 자신이 하는 일에 대해서 찬찬히 생각해 보자. 나는 사람이 하는 일은 크게 4가지 종류가 있다고 생각한다. (아래 표 참조)

첫 번째, 하고 싶은 일을 하면서, 돈을 만족할 만한 수준으로 버는 것.

두 번째, 하기 싫은 일을 하면서, 돈을 만족할 만한 수준으로 버는 것.

세 번째, 하고 싶은 일을 하면서, 돈을 만족할 만한 수준만큼 벌지 못하는 것.

네 번째, 하기 싫은 일을 하면서, 돈을 만족할 만한 수준만큼 벌지 못하는 것.

대다수의 사람은 첫 번째를 비전이 있는 일, 비전이 있는 직장이라고 대답할 것이다. 자신의 일을 첫 번째로 향하도록 하기 위해선 어떻게 해야 할까? 우선 자기 내면을 찬찬히 들여다보고 하고 싶은 일이 무엇인지 생각하면서 스스로에게 질문을 던져 보자.

그러면 '영화를 만들고 싶다', '악기를 다루고 싶다', '곤충 관련 일을 하고 싶다', '문학 관련 일을 하고 싶다', '모바일 솔루션을 만들고 싶다' 등등의 업종 중심이나, '마케팅 관련 일을 하고 싶다', '홍보 관련 일을 하고 싶다', '인사 관련 일을 하고 싶다' 등등의 직무 중심으로 생각이 떠오른다. 이렇게 자신의 내면에서 나온 답을 가지고 그 분야에 열정적으로 도전한다면 언젠가는 첫 번째로 갈 수 있다.

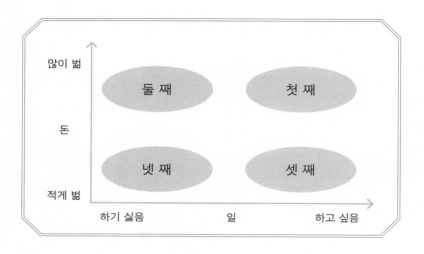

그런데 어떤 사람이 악기를 좋아해서 악기 회사에 취업하거나, 창업을 해서 악기를 직접 만드는데 고객층이 얇거나 제품의 질이 떨어지는 등 제반 사유로 세 번째로 가게 되었다고 가정하자(돈을 많이 벌지 못한다). 참을성이 없는 사람들은 아무리 자기가 하고 싶은 일을 하더라도 금세 비전이 없다고 하면서 파랑새 증후군에 시달린다. 반면, 참을성이 있는 사람들은 첫째로 가기 위해 부단한 노력을 한다. 그 과정에서 어려움에 부닥치지만 비전을 생각하면서 꿋꿋하게 나아간다.

두 번째에 속한 사람들 중에는 자신만의 마인드 컨트롤로 첫 번째로 가기 위해 부단히 노력하는 사람들이 있다. 성공한 기업인들의 스토리를 보면 현재 자신이 하고 있는 일에 최선을 다했으며 그 일을 바탕으로 새로운 미래를 개척했다. 비록 자신이 꿈꾸던 이상과 다른 현실에 처해 있더라도 그것을 참고 견디며 새로운 꿈을 만들고 그 꿈을 달성했다.

만일 지금의 직장에서 비전을 찾기가 정말 힘들다면 아래와 같이 사고를 전환해 보는 건 어떨까?

먼저 직장이 비전이 없다는 생각에 곤충 관련 사업을 한다고 가정해 보자. 곤충을 좋아하면 곤충을 사고팔아야 한다. 이 경우 구매를 위해서는 구매 관리, 판매를 위해서는 홍보 및 마케팅, 외상으로 판매하면 대금 회수를 위해서 채권관리를 해야 한다. 지속적인 사업을 위해서 곤충이 죽으면 안 되므로 재고관리를 해야 하고, 회수한 돈 관리를 위해 자금관리를 해야 하며, 나중에 세금을 내야 하니 세무관리를 해야 한다. 회사의 규모가 커지면 혼자서 운영하기 어렵다. 그러면 직원을 채용하게 되는데, 이때 인사관리를 해야 한다.

이 모든 것은 직장이라는 삶의 터전에서 직·간접적으로 배운다. 이처럼 직장생활은 나의 소중한 자산이며 책이나 수업을 통해서 배운 것보다 더 많은 것을 배울 수 있는 값진 곳이다.

모든 문제는 외부가 아닌 나 자신에게 있다. 회사에 비전이 없다고 말하는 사람들 가운데 대다수는 과거 회사에 입사할 때의 초심을 잊었기 때문이다. 그러면서 다른 회사들과 복리후생 수준과 연봉을 비교하는 탓에 회사에 대한 불만만 생긴다.

아직 회사로부터 월급이 꼬박꼬박 들어온다면, 아직 회사에서 내 책상이 온전하다면, 회사가 비전을 제시해 주기를 바라기보다 스스로 비전을 찾아보자. 회사가 나에게 무엇을 해주기를 바라기 전에 내가 회사를 위해 무엇을 할 수 있는가를 자문해 보자.

설사 앞으로 회사 재무 상황이 지금보다 안 좋아진다고 하더라도 그건 내 마음의 문제, 신념의 문제다. 기업 경영에는 늘 부침이 따르게 마련이기 때문이다.

파랑새는 다른 회사가 아닌 지금 몸담고 있는 회사에 있다는 사실을 간과해선 안 된다. 그것을 무시한 채 비전을 찾기 위해 다른 곳을 기웃거린다면 영영 파랑새 증후군을 벗어나지 못할지도 모른다.

한 줄 고전에서 배우는
직장인 필승 전략

子曰, 不患無位, 患所以立, 不患莫己知, 求爲可知也.
자 왈, 불 환 무 위, 환 소 이 립, 불 환 막 기 지, 구 위 가 지 야.

- 《논어》 '이인' 편 -

◆　　◆　　◆

공자가 말했다.

"자리가 없음을 걱정하지 말고, 그 자리에 설 수 있는 능력이 있는지를

걱정해야 한다. 또한 남이 나를 알아주지 않는 것을 걱정하지 말고,

내가 남에게 알려질 수 있는 능력을 키워야 한다."

영어만 공부하다
정작 놓치고 있는 미래

직장인들은 우스갯소리로 퇴직의 종착역은 식당, 치킨집, 피자집이라고 말한다. 그만큼 직장인이 퇴직하면 다른 직장으로 옮기기가 쉽지 않아 자영업으로 내몰린다는 의미다. 이런 절박한 상황에 처하지 않기 위해 직장인들은 자기계발에 매진한다. 그들이 하는 자기계발 중에서 공부와 관련된 것은 대부분 영어 공부 아니면 자격증 취득이다.

그중 영어 공부는 비영어권에 사는 우리 국민이 어릴 때부터 그 중요성을 귀에 못이 박히도록 들었던 것이다. 최근 중국의 부상으로 중국어의 중요성도 부각되고 있지만 영어의 위력은 여전히 줄어들지 않고 있다. 출근 전, 퇴근 후의 영어학원은 늘 직장인들로 붐비는 현실이 이를 증명한다. 그런데 이처럼 직장에 다니면서 처절하게 영어 공부를 했음에도 불구하고 대다수 직장인들의 퇴직 후 삶은 여전히 불안하기만 하다.

언젠가 야근으로 인해 택시를 타고 퇴근한 적이 있다. 택시기사와 한창 얘기를 하던 중 그 택시기사가 대기업 계열사의 해외 지사에서 지사장까지 근무했다는 사실을 알게 되었다. 문득 궁금한 생각에 몇 가지를 물어봤다.

"해외 지사에서 근무하실 정도면 영어도 상당히 잘하실 텐데, 다른 회사에 취업하시면 안 됩니까?"

"물론 전혀 불가능한 것은 아닌데요, 요즘은 젊은 사람들이 워낙 영어를 잘하니까 나이 50을 넘긴 저에게는 기회가 잘 안 오네요. 허허허."

"그렇더라도 요즘 시니어 재취업 교육 프로그램이 굉장히 많던데, 잘 알아보시면 재취업하실 수 있을 것 같은데요?"

"물론 전혀 불가능한 것은 아니겠죠. 그런데 생각보다 그렇게 자리가 많지 않습니다. 또 만일 취업을 하더라도 이제는 해외에서 근무할 만큼의 체력이 안 돼요. 제가 교포 2세처럼 영어가 아주 능숙하면 모를까, 그게 아니기 때문에 회사생활을 다시 하면 끊임없이 스트레스를 받아서 건강도 해칠 것 같아요."

이 이야기를 듣고 나니 많은 생각이 들었다. 회사 다닐 때 개인 돈과 회사 돈으로 끊임없이 TOEIC 시험을 보고, 영어 회화 실력이 뒤처지지 않도록 여러 해 학원을 다녔건만 정작 회사를 떠나게 되면 돈벌이로서의 영어 활용 기회가 많지 않다는 생각에 혼란스러웠다. 물론 영어를 잘해서 재취업에 성공한 사람들도 있고, 새로운 창업 아이템을 잡아서 영어를 활용하는 사람들도 있다. 다만 이러한 경우는 극소수에 불과하다.

생각해 보면 서울 명동 같은 관광특구가 아닌 동네에서 치킨집이나 피자집을 운영할 때 외국인 손님을 맞이하여 영어를 쓰는 일 자체가 많지 않을 것이다. 설령 외국인이 손님으로 오더라도 TOEIC 성적과 무관하게 바디랭귀지와 친절한 미소로 주문받는 것은 얼마든지 가능하다.

막상 회사를 퇴직하면 영어와 무관하게 먹고사는 경우가 많음에도 불구하고 회사는 세계화(Globalization)라는 이유로 자기계발의 1순위로 영어를 강조한다. 나는 이것이 문득 중·고등학교 학창 시절 교과 과정과 유사함을 느낀다.

지금 30대 후반 이후의 세대는 모든 학생이 대학에 입학할 수는 없었다. 대학 입학정원이 고등학교 졸업생 수보다 적었기 때문이다. 반면 고등학교 교과 과정은 대학에 들어갈 수 있는 소수 학생 위주로 맞추어져 있었다. 그러나 지금 돌이켜보면 당시 다수의 고등학생이 자신의 미래를 위해 차라리 대학 입시과목 공부보다는 기술 관련 쪽을 공부하는 편이 미래를 위해 바람직했다. 그러나 학교는 이러한 다수 학생을 배려하지 않았다. 영화 〈친구〉나 〈말죽거리 잔혹사〉 등은 그 당시 다수 고등학생의 심경을 대변하고 있다.

다시 회사로 눈을 돌려 보자. 회사에서 모든 직원이 영어를 잘 할 수 없는 데다 모든 직원이 영어를 통해서 업무를 보는 것도 아니다. 일례로, 국내 총판이나 국내 대리점을 상대하는 영업 직원이나, 하루 일과 중 대부분을 사내 구성원과 커뮤니케이션이 이뤄지는 관리직원의 경우 하루 업무 시간에 영어 대화나 영어문서 작성 등 영어를 활용할 시간이 거의 없다. 그럼에도 업무와 무관하게 자기계발 명목으로 영어 공부를 강요받고, 승진 요건으로 TOEIC, TEPS, OPIc 등 영어시험 성적을 제출해야 한다.

해외 영업팀에 근무하는 직원은 하루 일과의 상당 부분을 영어로 대화하고 문서를 작성해야 하므로 업무 수행 자체가 영어 공부다. 반면, 영어를 거의 쓰지 않는 부서의 직원은 '업무 따로 영어 공부 따로'라는 이중고를 겪는다. 그러나 회사는 이러한 상황을 전혀 배려하지 않고 동일한 기준으로 영어시험성적표 제출을 강요한다.

자신의 진로, 적성에 대해 심각한 고민 없이 맹목적으로 공부했던 과거의 십대 시절처럼 현재 대다수 직장인은 자기계발 분위기에 휩쓸려 자신의 미래에 대해 깊이 고민해 보지 않은 채 맹목적으로 시간과 돈, 에너지를 써 가며 영어 공부에 매달리고 있다.

〈매일경제〉(2013년 4월 30일)에 '취업 준비 대학생 절반 전공 후회된다'라는 기사가 실렸다. 요즘처럼 대량 퇴직이 계속된다면 머지않아 '직장 다니면서 너무 영어만 열심히 공부하느라 다른 것을 준비하지 못해서 후회된다'라는 기사가 나올지도 모른다.

물론 영어 공부를 하지 말라는 말은 아니다. 자기 자신의 장래를 냉철하게 분석해서 영어가 필요하면 영어를 공부하고, 그렇지 않으면 다른 것을 준비하는 것이 현명하다는 말이다. 기업이 신규 사업에 진출할 때 '순현재가치법(NPV)', '수익성지수법(PI)', '내부수익률법(IRR)' 등의 재무이론을 동원해 투자 타당성을 검토한다. 굉장히 복잡하고 어려운 이론들이지만 쉽게 말하면 투자의 성패는 투자금과 수익금의 크기로 비교하여 '수익금이 투자금보다 크면 투자가 가능하다'라는 의미다. 이를 지금보다 더 나은 인생 제2막을 열기 위한 법칙으로 적용하면 어떨까?

나는 무작정 영어 공부를 하는 직장인들에게 이렇게 제안한다.

"인생 제2막을 위해 준비하는(투입하는) 영어공부 시간과 영어 공부 비용의 가치를 투자금으로 보고, 내가 퇴직 후 준비한 영어를 활용함으로써 버는 인생 제2막 수입을 수익금으로 계산해서 수익금이 얼마나 될지 냉정히 따져 보세요. 수익금이 투자금보다 크다면 당연히 영어 공부를 열심히 해야 합니다. 예를 들어 영어 성적 제출을 통해 다른 회사에 재취업하는 방법이 있고 박물관에 취업하여 외국인을 상대로 영어로 설명하는 학예사나 문화유산관광해설사가 되는 방법도 있을 것입니다.

프리 토킹(Free Talking)이 되는 수준의 영어를 구사하거나 어릴 때 영어권 국가에서 살았던 경험이 있는 사람이라면 영어 공부를 몇 년 쉰다고 해서 영어 실력이 급격하게 나빠지지는 않습니다. 이런 사람들은 조금만 공부해도 금세 옛날 영어 실력이 회복되므로 인생 제2막을 영어로 승부하는 것이 나쁘지는 않습니다."

반면, 영어 실력이 탄탄하지 못해 상당한 시간을 투자해도 영어 성적이 조금밖에 오르지 않는 사람들이 있다. 이런 사람은 영어 공부로 인해 골머리를 앓기보다 자신이 정말로 하고 싶은 취미나 자신의 강점을 찾아서 그 분야를 파고드는 편이 낫다. 퇴직 후 활용하지 못할 영어 공부에 많은 시간과 돈, 에너지를 투자하느니 재무 설계, 재테크 관련 공부를 하는 것이 자산 증식에 도움이 되고 인생 제2막을 위한 준비에도 도움이 된다.

물론 영어 공부를 등한시할 순 없다. 왜냐하면 회사에서는 승진 요건으로 TOEIC 등 영어 자격시험에서 일정 점수 이상을 요구하기 때문이다. (TOEIC 대신 HSK나 JPT 등 제2외국어 자격시험으로 대체하는 경우도 많다.)

직장에 몸담고 있는 이상 승진의 최소 요건은 달성해야 한다. 내가 대학을 안가더라도 중간고사와 기말고사를 쳐서 내신 성적은 받아야 했던 고등학교 시절처럼 인생 제2막을 영어와 관련 없는 일을 한다고 하더라도 직장에 있는 한 밥벌이를 위해 영어 시험을 봐야 한다.

모든 것을 떠나서 영어회화 정도는 취미 수준으로 공부하는 것이 좋다. 취미생활 개념으로 영어를 공부하면 나이와 관계없이 시야를 넓혀 주고 또 목표가 생기기 때문에 한층 젊은 감각을 유지할 수 있다. 또한 해외여행을 가서 꿀 먹은 벙어리로 있는 것보다는 이런저런 말을 하는 재미도 무시할 수는 없다.

나는 결코 직장인들의 영어에 대한 중요성을 부정하지는 않는다. 그러나 자기 자신의 현실을 제대로 파악하지 못한 채 영어 공부에 과다하게 시간과 돈, 에너지를 투입하면 기회비용에 따라 놓치게 되는 소중한 것들도 있다는 중요한 사실을 언급하고 싶다. 더욱이 많은 사람이 이것을 간과하고 있다.

따라서 자신에게 영어는 무슨 의미가 있고 인생에 어느 정도 영향을 주는지를 꼼꼼히 따져 볼 필요가 있다. 만약 인생 제2막의 일이 영어와 전혀 관련이 없다면 차라리 영어에 투자할 시간을 자신에게 정말 필요한 분야에 투자하는 편이 현실적이고 효율적이다.

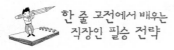

한 줄 고전에서 배우는
직장인 필승 전략

知可以戰, 與不可以戰者勝.

지 가 이 전, 여 불 가 이 전 자 승.

– 《손자병법》 '모공' 편 –

◆   ◆   ◆

싸워도 되는 조건과 싸워서는 안 되는 조건을 알면 승리한다.

시크릿만으로
위기를 벗어날 수 없다

1911년 아문센과 스콧은 남극정복이라는 동일한 목표를 가지고 야심차게 길을 떠났다. 그러나 두 팀은 너무나 상반된 결과를 얻었다. 스콧은 탐험에 나선 72명 전원이 사망한 반면, 아문센의 탐험대는 전원 무사 귀환했다.

같은 시기에 같은 목표를 향해 출발했지만, 당시 대다수의 사람은 영국 정부의 큰 지원을 받은 스콧이 먼저 도착할 것으로 예상했다. 그러나 이 모두의 예상을 깨고 남극에 먼저 도착한 사람은 오히려 아문센이었다.

그럼 아문센 팀은 왜 스콧 팀과 극명한 차이를 보인 것일까? 그것은 철저한 사전 준비에 있었다. 아문센은 에스키모들의 여행법을 연구하고, 남극 추위에 적응할 수 있는 시베리안 허스키라는 개에게 썰매를 끌게 했다. 또한 체력이 약해진 개를 식량으로 쓸 계산을 하면서 식량의 무게를 최소화해서 출발했다.

반면, 스콧은 사전에 답사를 전혀 하지 않았다. 열심히 준비만 잘 하면 좋은 결과가 있을 것이라는 긍정적인 생각만 갖고 떠났다.

스콧의 사례는 긍정적인 생각만 갖고 철저한 분석이나 진행 상황에 대한 모니터링 없이 일을 진행하면 어떤 결과를 맞게 되는지 잘 보여 주고 있다.

경영컨설턴트 류랑도는 저서 《일을 했으면 성과를 내라》에서 허술한 낙관론이 일을 망친다고 충고했다. 직장에서 업무 수행 시 정확한 목표가 있지 않거나 설령 명확한 목표가 있다 하더라도 그 목표를 달성하기 위한 구체적인 전술과 실행계획이 없으면 목표는 한낱 백일몽이 될 수 있다는 것이다.

그 밖에 루이스 거스너는 그의 저서 《코끼리를 춤추게 하라》에서 실천이 없는 비전과 전략은 무의미하다고 말했다. 실제로 루이스 거스너는 인터뷰에서도 '지금 당장 IBM에서 가장 필요 없는 것은 비전'이라고 말해 기자들의 고개를 갸우뚱하게 만들기도 했다.

직장인들의 인생 제2막 준비도 마찬가지다. 아무리 좋은 자기계발서를 읽고 긍정적인 마인드를 가진다고 하더라도 구체적인 실천 방안이 없으면 비전만 벽에 걸어 놓고 실행에 옮기지 못하는 회사 경영진과 다를 바 없다.

평생직장이라는 개념이 무너진 IMF 이후부터 서점에는 자기계발서가 우후죽순으로 등장하고, 사람들은 "확고한 꿈을 가져라", "긍정적인 마인드를 함양하라", "욕망이 이끄는 대로 움직여라", "철저히 자기관리를 하라"라는 말에 열광하고 있다.

일부 독자는 책을 읽은 후 정신 수양, 명상, 요가 등을 배우면서 긍정적인 마인드를 갖기 위해 노력한다. 그럼, 이렇게 자기계발서를 열심히 읽고 긍정적 마인드만 가지면 우리 삶은 나아지는 것일까? 사실 현실은 그렇지 못하다. 심한 경우는 책을 읽었을 때의 가슴 설렘도 잠시, 책장을 덮고 나면 금방 예전의 일상으로 돌아간다.

일부 자기계발서들은 꿈과 긍정을 강조하지만 그 꿈을 실현할 수 있는 구체적인 방안이 없거나, 있더라도 제시된 방안이 비현실적이어서 그런 현상이 발생할 수 있다. 앞에서도 언급했지만, '퇴근 후 매일 저녁 자기 시간을 확보하라'는 명제는 직장을 퇴사할 각오가 아니면 실현하기 굉장히 어려운 일이다.

또 다른 이들은 신자유주의 이론의 폐해를 거론하며 자기계발서를 비판한다. 신자유주의 이론은 국가가 모든 것을 통제하는 사회주의 경제이론 대신 시장메커니즘에 경제를 맡기자는 이론이다. 시장 경제는 무한 경쟁을 강조한다. 이러한 신자유주의는 근로자들에게 긍정적인 사고방식을 주입시키고, 이를 통해 현 근로자들을 더욱더 가혹한 노동조건으로 몰아가고 있다고 한다.

이러한 주장의 대표적인 주자가 '바버라 에런라이크'와 '로버트 링거'다. 그들은 저서《긍정의 배신》과《세상의 모든 거북이들에게》를 통해 긍정적 사고가 우리의 발등을 찍고, 신자유주의의 물결을 타면서 사람들을 착취하고 핍박하는 데 사용되고 있다고 비판한다. 그중《긍정의 배신》의 〈구조조정의 상처 가리기〉 편에는 다음과 같은 사례가 나온다.

1994년 미국 최대의 통신회사 AT&T는 2년 동안 1만 5,000명을 정리해고 하겠다는 계획을 발표한 당일, 직원들을 '성공1994'라는 동기 유발 행사에 보냈다. 행사의 주연급 연사인 동기 유발 강사 '지그 지글러'가 전한 메시지는 이랬다.
"해고를 당하면 그건 당신의 잘못입니다. 체제를 탓하지 마십시오. 상사를 비난하지 마십시오. 더 열심히 일하고 더 열심히 기도하세요."

위의 사례를 통해 저자는 'AT&T사가 살아남은 직원들에게는 더 열심히 일하고, 회사를 떠난 사람들에게는 회사를 비난하지 못하게 하기 위한 수단으로 긍정의 메시지를 활용했다'라고 주장한다.

그 밖에 수 세기 동안 단 1퍼센트만이 알았던 부와 성공의 비밀을 담고 있는《시크릿》으로 저자와 출판사만 호황을 맞고 그 책을 읽은 독자는 여전히 가난에서 벗어나지 못하고 있다고 역설한다. 특히 긍정의 힘이 발휘된 곳은 평범한 서민이 아닌, 사회 상류층인 탓에 사회 상류층과 일반 서민과의 빈부의 격차는 더욱 늘어나고 있다는 것이다.

물론 위의 견해는 조금 지나친 면이 없지 않아 있다. 나는 세상을 이분법적 관점으로 보면서 긍정의 마인드를 비하하고 싶은 생각은 없다. 다만 막연한 낙관론과 긍정은 우리에게 힘을 실어 주지 못한다. 기대가 크면 실망도 큰 법이다. 그래서 자기계발서의 콘셉트가 최근에는 힐링서로 이동하는지도 모르겠다. 다만 힐링도 순간 내 삶을 평온하게 함으로써 미래를 준비할 수 있는 힘을 줄지는 모르지만, 그 자체만으로는 인생 제2막을 위한 구체적인 대안을 제시하지는 못한다.

어쩌면 긍정적인 마인드를 가진다는 것 자체가 문제가 아니라, 악화되는 현실에 대한 외면이 문제일 수 있다. 단순히 꿈만 가져서는 안 되고, 긍정만 해서도 안 된다. 자신이 처한 실제 환경을 도외시하면서 상황이 개선되기를 바라는 것은 지나친 착각이다. 현실은 개선의 여지가 없는데, 끌어당김의 주문을 외우기만 한다고 해서 삶이 나아지는 것은 결코 아니다. 이러한 긍정과 끌어당김의 함정에서 벗어나려면 오히려 '스톡데일 패러독스(Stockdale Paradox)'를 알고 실천하는 것이 필요하다. 스톡데일 패러독스는 베트남 전쟁 당시 포로수용소에 수감되어 8년을 갇혀 있었던 스톡데일 장군의 이름에서 따온 용어다.

스톡데일 장군에 따르면, 포로수용소에서 살아남은 사람들은

무한한 긍정적 마인드가 만병통치약일까?

낙관주의자가 아니라 현실주의자였다. 낙관주의자들은 다가오는 크리스마스에는 살아남을 수 있을 것이라는 근거 없는 희망만 품다가 상심해서 죽었지만, 현실주의자들은 크리스마스 때까지 포로수용소를 나가지 못할 것이라는 절망적인 생각을 하면서도 동시에 언젠가는 나갈 수 있다는 믿음을 잃지 않아서 살아서 나갈 수 있었다.

인생 제2막을 열기 위해서는 꿈과 긍정적인 마인드만 갖고서는 불가능하다. 때에 따라서는 제대로 안 될 수도 있다는 각오를 끊임없이 해야 한다. 그래야만 내가 직장에서 쉽게 좌절하지 않고 꾸준하게 미래를 준비할 수 있다.

눈부신 미래를 준비하기 위해선 긍정적인 마인드를 갖는 것이 무엇보다 중요하다. 하지만 더욱 중요한 것은 생각을 행동으로 옮길 수 있는 실행력이다. 아무리 거창한 꿈과 목표, 계획도 실행력 없이는 공염불이 되고 만다. 또한 자신이 바라는 일이 뜻대로 안 될 수도 있고, 생각보다 시간이 걸릴 수 있다는 마음의 무장을 단단히 해야만 한다. 그래야 제대로 된 인생 제2막을 준비할 수 있다.

子曰, 苗而不秀者, 有矣夫, 秀而不實者, 有矣夫.
자 왈, 묘 이 불 수 자, 유 의 부, 수 이 불 실 자, 유 의 부.

- 《논어》 '자한' 편 -

◆　◆　◆

공자가 말했다.

"싹이 났어도 꽃을 피우지 못하는 것도 있고,

꽃을 피웠어도 열매를 맺지 못하는 것이 있다."

자기계발,
확실한 목표를 세운 뒤 시작하라

당나라 태종 이세민. 우리에게는 고구려를 정벌하기 위해 많은 군사를 일으켰다가 안시성에서 패퇴한 중국의 왕으로 기억되고 있다. 반면 중국인들에게는 백성의 생활을 안정시키고 중국 문화를 부흥시킨 명군 중의 한 명으로 인기가 높은 왕이다.

당나라 태종 이세민이 하루는 신하들에게 이런 질문을 했다.

"창업과 수성, 이중에서 어느 것이 더 어려운가?"

이에 평소 당 태종에게 쓴소리를 아끼지 않는 충신 위징이 이렇게 대답했다.

"창업을 했을지라도 그것을 유지하는 데 조금만 자기관리에 실패하고 방심하게 되면 왕조는 무너집니다. 따라서 창업보다는 수성이 더 어렵습니다."

나는 이 말을 오늘날의 직장인들에게도 적용할 수 있다고 생각한다. 직장인에게 이렇게 묻는다고 가정해 보자.

"여러분은 회사에 입사하는 것과 입사 후 회사원 생활을 유지하는 것 중 어떤 것이 더 어렵습니까?"

이에 대한 공식 설문조사 결과는 없지만 아마도 "입사보다 입사 후에 회사원 생활을 유지하는 것이 더 힘들다"라고 대답하는 직장인이 많을 것으로 생각된다. 실제로 내 주위만 보아도 그러하다.

상식적으로 생각해 봐도 회사에서의 승진이 입사보다 어렵다. 회사 내의 승진자 수가 입사자 수보다 훨씬 적기 때문이다. 회사가 폭발적으로 성장하지 않는 한, 승진 경쟁은 같이 입사한 동료, 연차가 비슷한 선후배들 사이에서 이루어지고 누군가는 승진 누락이 불가피하다.

어찌됐든 직장인은 회사에서 승진과 생존, 더 좋은 회사로 이직하기 위해서 자기계발에 목숨을 걸게 된다. 자기계발은 거스를 수 없는 생존을 위한 필수 조건이다. '샐러던트'라는 신조어가 생겨난 것도 직장 내 생존이 쉽지 않음을 단적으로 보여준다.

그런데 주변을 둘러보면 하지 않으면 불안한 마음에 무조건 자기계발을 하는 사람이 많다. 고민이 결여된 자기계발은 시간과 돈, 에너지 낭비밖에 안 된다. 그냥 남들이 다 하니까 나도 한다는 식의 방법으로는 내 몸이 피곤할 뿐 아니라 내 주변 사람들에게도 피해만 끼칠 수 있다. 그러므로 입사 초년 차의 자기계발과 과장 때의 자기계발, 말년 부장의 자기계발은 분명히 달라야 한다. 즉, 자기계발에도 전략이 필요하다.

또한 자기계발을 하더라도 자기만 생각하지 말고, 자기 주변을 둘러싼 환경을 입체적으로 파악하여 효율적으로 해야 한다. 즉, 가족 관계, 직장 동료 관계, 직장 선배 후배 등 상하 관계, 거래처와의 관계 이 모든 것을 복합적으로 고려해서 자기계발을 해야 몸과 마음이 고단하지 않을 뿐만 아니라 직장에서 수행하는 일도 지장을 받지 않는다.

그럼 연령대에 맞는 자기계발은 어떤 것일까?

나는 앞장에서 여자가 넘어야 하는 4가지 산맥이 있는 것처럼 직장인에게도 반드시 넘어야 할 4가지 산맥이 있다고 말했다. 다음의 표와 같이 직장인이 넘는 산맥을 엿볼 수 있다.

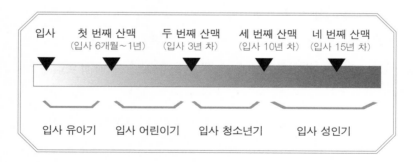

나는 자기계발도 위의 표에 나와 있는 것처럼 시기에 맞게

차별화해서 해야 한다고 생각한다. 입사 유아기에 있는 직장인은 자기가 수행하는 직무 관련 자격증을 취득하거나, 교육 수강, 외국어 능력 향상 등에 힘쓰는 것이 좋다. 가급적 골프도 이때 배우는 것이 바람직하다. 이때는 대부분 결혼 전이기 때문에 회사 근무 외의 시간을 온전히 자신을 위해 쏟을 수 있다. 특히 회사의 CEO가 되겠다는 큰 그림을 그리면서 하면 좋다.

입사 어린이기나 입사 청소년기의 직장인은 크게 미혼자와 기혼자, 두 부류로 나눌 수 있다. 기혼자 중에서도 아이가 있는 경우는 처한 여건이 다르기 때문이다. 미혼자인 경우는 입사 유아기와 동일하게 자기계발을 하면 되지만, 결혼을 한 경우는 자녀의 연령대에 따라서도 자기계발 항목이 달라져야 한다.

우선 아이가 다섯 살 이하이면 자기계발은 당분간 중단하는 편이 좋다. 자기계발보다는 가장 소중한 2세의 지능 계발과 건강을 위해 힘써야 한다. 이때 어설프게 자기계발을 하겠다며 가정을 소홀히 하면 아내와의 관계가 소원해지게 된다.

남자들 가운데 갓난아기가 한밤중에 울 때 일부러 자는 척하면서 아기 기저귀를 갈아 주지 않는 등의 행동을 보이는 가장이 있다. 직장생활로 인해 내가 힘들다면 아내 역시 직장생활과 아이 양육으로 배로 힘들다는 사실을 기억해야 한다.

자녀의 나이가 어릴수록 가정에 시간을 투자해야 한다. 아이가 유치원에 들어가고 초등학교에 들어가게 되면 친구들과 노는 시간이 많아지기 때문에 자연스레 개인 시간을 확보할 수 있다. 지금 아이 때문에 자기계발을 하는 시간이 부족하다고 해서 초조하게 생각할 필요는 없다.

법륜 스님은 《스님의 주례사》에서 아기를 낳으면 3년 동안은 직장을 그만두라고 말한다. 극단적인 이야기이기는 하지만 그만큼 이 시기는 아이에게 매우 중요한 시기라는 뜻이다. 이때 자기만 생각해서 자기계발에 몰두한다면 성장기에 있는 아이에게도 좋지 않을 뿐더러 가족들에게도 굉장히 이기적인 아빠의 모습으로 비춰진다.

입사 성인기의 직장인은 자신이 속해 있는 직장 내의 환경을 잘 살펴봐야 한다. 이때는 직장 상사들의 평가는 이미 끝난 상태다. 내가 하이퍼 인재로 인정받았으면 일에 대해서 한두 번 실수한다고 해도 나에 대한 평가가 추락하지 않는다. 반면, 내가 업무처리 능력이 떨어진다는 평가를 받고 있다면 내가 아무리 열심히 일해도 상사는 나에 대해 결코 좋은 평가를 내리지 않는다. 이 사실을 이미 내 주변 동료들과 후배들도 잘 알고 있다(어쩌면 당신 자신도 익히 알고 있을 것이다).

내가 하이퍼 인재라면 자기계발은 당연히 회사의 CEO, 임원을 목표로 하면서 회사에서 강조하는 자기계발을 해야 한다. 회사가 중국어를 강조하면 중국어를, 스페인어를 강조하면 스페인어를 공부하는 것이 회사에 대한 충성심을 보여주는 차원에서도 좋다. 그러나 내가 그저 그런 평범한 직원이라면 자기계발은 회사에서 강조하는 어학보다는 퇴직 후의 밥벌이에 대해 고민하고 집중해야 한다.

미국의 정치가 벤저민 프랭클린은 "많은 사람은 25세에 죽지만 65세까지는 땅에 묻히지 않는다"라고 말했다. 그는 젊음과 늙음의 기준을 몸의 노화가 아닌 '꿈이 있느냐, 없느냐'에 두었다. 비록 나이가 많더라도 이루고 싶은 꿈과 목표가 있고 의욕이 충만하면 이팔청춘인 셈이다.

우리가 진정으로 두려워해야 할 것은 나이를 먹는 것이 아니라 의욕 상실이다. 의욕을 상실하면 어떤 것도 할 수 없다. 사람들이 책을 읽거나 여행을 가거나 자기계발을 하는 것은 더 나은 삶을 바라기 때문이다. 그러나 의욕을 상실하면 이런 생각도 들지 않는다.

모든 인생은 성공의 씨앗이 발아하기를 기다리고 있다. 그래서 당신과 나, 우리는 끊임없이 자기 자신에게 투자해야 한다. 그런데 다만 남들이 하니까 나도 따라 하는 자기계발은 인생을 낭비하는 무의미한 투자일 뿐이다.

지금부터라도 내 연령대, 내 주변 환경에 꼭 맞는 항목을 찾아서 자기계발 목표를 세워야 한다.

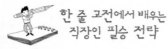

한 줄 고전에서 배우는
직장인 필승 전략

修學好古 實事求是.

수 학 호 고   실 사 구 시.

- 《한서》 '하간헌왕전' 편 -

◆　　◆　　◆

학문 탐구를 즐길 뿐만 아니라 옛날 책을 좋아하며,

항상 사실로부터 옳은 결론을 얻어낸다.

자기계발의 걸림돌,
그러나 피할 수 없는 운동 골프

요즘 퇴근 후 공원이나 가까운 학교 운동장에 가보면 운동하는 사람들로 북적거린다. 대부분 30~50대가 주류를 이룬다. 건강에 적신호가 왔거나 지금 하는 일에서 체력의 한계를 느끼기 때문이다. 그래서 지금이라도 소를 잃기 전에 체력이라는 외양간을 고치기 위해 시간과 노력을 쏟고 있는 것이다.

주위를 보면 대부분의 20대는 건강관리나 체력관리에 있어 소홀하다. 아직 건강과 체력의 한계를 느끼지 못하기 때문이다. 혈기 왕성한 젊은 시절에는 거의 운동을 하지 않더라도 기초 체력만으로도 회사 업무를 수행할 수 있다. 하지만 30대를 넘어서면, 특히 30대 후반 이후부터는 운동을 하지 않고 계속해서 업무를 하다 보면 '체력이 예전 같지 않네'라고 스스로 느끼게 된다.

체력이 약해지게 되면 자신뿐 아니라 회사 차원에서도 많은 손실을 본다. 예를 들면, 요즘 들어 나의 체력이 부쩍 떨어졌다고 가정해 보자. 그리하여 제시간에 업무를 처리하지 못하면 상사에게 지적을 받게 되고 회사는 유무형의 손실을 입게 된다. 이를 방지하고자 회사는 복리후생비 예산을 수립하여 직원들에게 운동을 권유한다. 이에 따라 직장 주변의 헬스장, 요가, 골프 연습장, 수영장 등은 늘 직장인들로 붐빈다.

직장인이 할 수 있는 운동은 여러 가지가 있다. 다양한 운동 가운데 유독 골프만은 다른 특징이 있다. 그 특징을 다음과 같은 세 가지 관점에서 생각해 볼 수 있다.

첫째, 장소의 관점에서 보자.

직장인이 할 수 있는 운동을 보면, 자기가 연습하는 장소와 연습한 실력을 발휘하는 장소가 대부분 같은 곳이다. 축구, 야구, 농구, 검도, 요가, 배드민턴, 테니스, 마라톤, 수영, 나아가 수상스키, 패러글라이딩 등 고급 레포츠까지. 내가 검도를 도장에서 연습하면, 그 도장에서 대련을 하고, 심사를 보게 된다. 만약 수영을 배운다면 레슨을 받은 수영장과 동호회 대회가 개최되는 수영장은 같다. 축구를 하더라도 축구 연습장과 동호회 시합이 열리는 축구장은 같다. 내가 여기서 말하는 장소가 같다는 의미는 A축구장과 B축구장의 위치와 주소는 다를 수 있어도 근본적으로 축구장이라는 점은 동일하다는 뜻이다.

그런데 골프는 레슨을 받는 연습장과 레슨으로 갈고닦은 실력을 발휘하는 장소가 다르다. 골프 연습장에서 실력을 키웠더라도 그 실력 발휘는 자동차를 타고 멀리 나가야 하는 골프장(Field)에서 하게 된다. 심한 경우 해외 원정까지 간다. 물론 골프 이외에 스킨스쿠버 등 일부 고급 레포츠도 레슨 받는 연습장과 갈고닦은 실력을 발휘하는 장소가 다르기는 하다. 다만 이러한 고급 레포츠는 골프만큼 대중화되어 있지 않다.

둘째, 시간의 관점에서 보자.

대다수의 운동은 주중에만 하든지 아니면 주말에만 하든지 둘 중의 하나인 경우가 많다. 예를 들어 내가 직장 주변의 헬스클럽, 수영장 또는 요가 학원을 등록하여 운동을 하면 주말에는 잠시 쉬게 된다. 주말만큼은 쉬고 싶기 때문이다.

만일 집 근처에서 수영 레슨을 받거나 헬스클럽에 등록하면 주말에도 종종 이용하게 된다. 다만 이 경우는 집과 상당히 가까운 거리이기 때문에 이러한 운동이 끝난 후 소중한 주말시간을 가족에게 투자하는 것이 가능하다. 물론 인생 제2막을 위한 준비도 얼마든지 가능하다. 집 근처에서 배드민턴이나 테니스, 검도 등 다른 운동을 배우거나 동호회 활동을 하더라도 주말을 과다하게 투자할 필요는 없다.

동호회가 활성화되어 있는 축구, 고급 레포츠인 요트나 스킨스쿠버, 패러글라이딩 등 고급 레포츠는 주말 시간이 많이 투자되기는 하지만 주중 퇴근 시간을 투자하게 되는 경우는 거의 없다. 대부분 주말에만 시간을 투자하게 된다.

그런데 유독 골프만큼은 주중에 레슨을 받고 또 스크린골프 게임을 하는 것도 모자라서 주말에 또 시간을 투자하게 된다. 즉, '주중+주말'의 시간을 투자해야 하며, 주말에도 집 근처 헬스장이나 수영장, 배드민턴, 검도 등 2~3시간 정도가 아니라, 적게는 하루의 반나절, 길면 한나절을 투자해야 한다.

만일 직장 상사의 강요 때문이거나 또는 자신이 원해서 해외 원정 골프를 가게 되면 황금 같은 주말 2박 3일을 온전히 골프에만 쏟게 된다.

남자 직장인들 중에 직장 상사에게 종종 "어이 김 과장! 오늘 퇴근 후 스크린골프 한 게임 어때?", "어이 김 과장! 이번 주말에 필드 한 번 나가지"라는 말을 종종 듣는 사람들이 꽤 있다. 반면 "어이 김 과장! 이번 주말에 당구 한 게임 어때?"라는 말을 듣는 경우는 없다. 또한 "어이 김 과장! 우리 퇴근하면 축구 한 게임 하지"라거나 "어이 김 과장! 퇴근 후 스킨스쿠버나 함께할까?"라는 말을 듣게 되는 경우도 거의 없다.

운동을 시간과 장소의 관점에서 분석해 보면, 직장인이 투자해야 하는 수많은 운동 중에서 골프가 시간 및 장소 면에서 가장 많은 투자를 요한다는 사실을 알 수 있다. 즉, 많은 직장인이 골프 때문에 자신의 많은 것을 희생해야 한다.

셋째, 체력증진의 관점에서 보자.

걷기, 달리기, 자전거, 마라톤, 수영, 암벽등반 등 대표적인 유산소 운동을 할 경우, 심폐기능이 강화되어 체력증진에 상당히

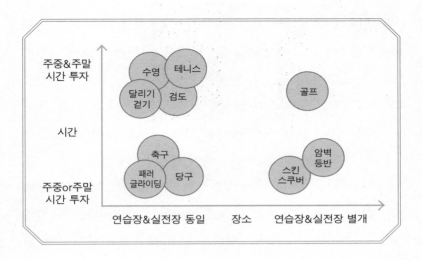

도움이 된다. 쉴 새 없이 뛰어야 하는 축구, 테니스, 배드민턴도 마찬가지다. 그런데 골프는 연습을 할 때 자리에 서서 치기만 하고, 골프장에 나가더라도 걷는 시간이 많지 않다. 홀을 이동할 때 카트로 이동하는 경우가 많기 때문이다.

회사 근처, 집 근처의 실내 골프연습장, 인도어 골프연습장 등은 헬스장을 같이 운영하는 경우가 많다. 골프만 쳐서는 체력 증진이 안 되기 때문에 그렇다.

이렇듯 골프가 시간, 장소, 체력 증진 등 다른 운동 대비 좋지 않은 점이 많음에도 대한민국 성인 남자들은 왜 골프에 돈과 시간, 에너지를 투자하는 것일까?

그 이유는 골프를 치지 않으면 왕따를 당하는 사회분위기 때문이다. 실제로 정권이 바뀌면 공직 기강을 바로잡기 위해 골프

금지령을 내리는데 이것을 보더라도 대한민국 사회에 골프 문화가 깊숙이 자리 잡았음을 알 수 있다. 아무튼 골프에 자의반 타의반으로 여가 시간의 상당 부분을 투자한 관계로 대한민국 직장 남성들은 퇴직 후에 가정에서 소외당하기가 십상이다.

또한 돈과 시간을 투자해야 하므로 비용도 많이 든다. 그래서 퇴직 후에는 골프를 치는 것이 부담스러워진다. 즉, 청춘, 중·장년의 황금기를 바쳐서 열심히 골프를 쳤건만, 퇴직 후에 돌아오는 것은 가족들의 냉대와 가벼워진 주머니다. 사춘기를 앓고 있는 50대를 겨냥한 책들을 읽어 보면 하나같이 퇴직 남성들은 가정에서 소외받고, 텅 빈 주머니로 고통스러워한다고 말한다. 그 원인은 골프가 상당 부분 차지하지 않을까 하는 생각이 든다.

차라리 그 시간에 다른 운동을 하거나 자신이 하고 싶은 일을 함으로써 인생 제2막을 준비하는 편이 낫다. 그래야만 암울한 노후가 아닌 밝은 미래를 맞이할 수 있기 때문이다.

지금 자신이 인생 제2막을 준비해야 하는 시기에 놓여 있다면 재정 여건과 체력, 가용 시간 등을 잘 분석해서 나에게 맞는 운동을 찾아야 한다. 그렇지 않으면 아내와 자녀들에게 소외를 당하는 것은 물론 노후마저 불안해질지도 모른다.

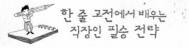

子曰, 士而懷居, 不足以爲士矣.

자 왈, 사 이 회 거, 부 족 이 위 사 의.

-《논어》'헌문' 편 -

◆　　◆　　◆

공자가 선비에 대해 말했다.
"선비로서 편안하게 거처하려는 마음을 품는다면,
선비라고 하기에 부족하다."

미래의 안전판 자격증,
해답은 아니다

2013년 봄 인기리에 방영되었던 드라마 〈직장의 신〉에서 미스 김(김혜수 분)은 언제 잘릴지 모르는 불안정한 비정규직이다. 그러나 그녀는 어떤 정규직보다도 당당하게 일하며 동료들에게 많은 인기를 얻었다. 그 밑바탕이 된 것이 바로 124개에 달하는 자격증이었다.

물론 이것은 드라마에 나오는 이야기일 뿐이다. 한 사람이 124개의 자격증을 따기는 사실상 불가능하다. 그렇지만 직장인에게 자격증은 일종의 스페어타이어와 같은 역할을 한다. 달리는 중에 자동차의 타이어가 펑크가 나더라도 스페어타이어로 갈아 끼우면 계속 달릴 수 있는 것처럼 직장인들 역시 자격증이라는 스페어타이어를 마련하여 노후를 준비하고자 한다.

실제로 좋은 자격증만 있다면 왠지 〈직장의 신〉에 나오는 미스 김처럼 직장생활을 당당하게 할 수 있을 것 같은 기대감에 부풀게 된다.

직장인들에게 자격증 열풍이 분 지는 꽤 오래되었다. 2000년대 들어 '샐러던트'라는 신조어가 생기면서 직장 업무와 공부를 병행하는 모습은 우리 사회의 하나의 트렌드로 자리매김했다.

2012년 취업포털 커리어가 직장인 651명을 대상으로 설문조사를 한 결과, 직장과 공부를 병행하는 '샐러던트'가 가장 선호하는 공부분야는 영어가 46퍼센트로 가장 많았고, 실무 관련 공부 38.1퍼센트, 컴퓨터 관련 공부 31.9퍼센트, 기타 외국어 20.3퍼센트, MBA 등 학력 관련 공부 13.4퍼센트, 재테크 관련 공부 10.6퍼센트 순위로 나타났다. (복수 응답 허용)

실무 관련 공부와 관련하여 자격증 취득은 훌륭한 대안이다. 그중 자신의 업무와 관련된 자격증 취득은 회사에서 권장하는 사항이기도 하다. 이러한 자격증 취득과 그 외 MBA 수료는 한때 직장인의 초고속 승진을 보장하는 수단으로 각광받기도 했다. 그런데 시대가 달라져 수요자보다 공급자의 수가 많아짐에 따라 초고속 승진을 보장받던 MBA수료증도 예전만큼 위력을 발휘하지 못하고 있다. 아래의 기사는 그 현실을 적나라하게 드러내고 있다.

해외 유명대학 MBA 과정 진학을 꿈꾸며 착실하게 준비하고 있는

3년 차 은행원 최 모 씨(31)도 앞길이 막막하긴 마찬가지다. 직장인 상당수는 여전히 MBA를 신분 상승의 기회로 여기고 있다. 최 씨 또한 한시라도 빨리 MBA 유학길에 오르는 게 이득이라고 판단, 입행 다음 해부터 MBA 준비를 시작해 절차를 마쳤다.

하지만 막상 그의 마음은 뒤숭숭하기 짝이 없다. 가장 큰 걱정은 유학 후 돌아와서 어떤 진로를 걷느냐다. 억대의 돈을 써서 MBA를 다녀와도 현재 직장에서는 연봉이 크게 오르지 않기 때문이다. 최 씨는 "MBA를 마친 뒤 무엇을 할 것이냐를 결정하지 못해 휴직을 할지, 회사를 그만둘지 결정하지 못하고 있다"고 토로했다.

- '샐러던트로 사는 법', 〈한국경제〉(2010년 3월 1일),

이고운, 이정호, 김동윤, 정인설 기자

위의 사례처럼 자신이 나아가고자 하는 방향과 목적이 명확하게 설정되지 않은 상태에서 MBA 수료를 한다면 내 미래가 장밋빛이 될 거라는 보장은 없다. 만만치 않은 비용 부담, 계속되는 공부에 따른 체력 저하, 수료 후 재취업 시 원하는 수준의 급여를 받지 못할 경우 받게 되는 절망감 등의 여러 가지 부작용이 나타날 수 있다. 이러한 부작용은 자격증 취득에도 적용될 수 있다. 최근에는 변호사 수가 기하급수적으로 늘어서 변호사의 취업조차 어려워졌을 정도다. 또한 변호사가 대기업 법무팀에 취업 시 예전에는 임원이나 부장 대우를 받았지만, 현재는

대리 대우를 받는 경우가 많다. 이 모두 수요와 공급의 법칙에
서 나타나는 현상이다.

자격증은 전시용에 지나지 않는 것은 아닐까?

자격증 취득에서 수요와 공급의 법칙 외에 고려해야 할 또 하나의 중요한 요소는 마케팅 이론이다. 그중에서도 나는 특히 4C 이론(Customer Value · Cost to Customer · Convenience · Communication; 소비자, 비용, 편의성, 커뮤니케이션)을 중요시한다. 즉, 고객과 관련된 요소를 매우 중요한 것으로 간주한다.

　아래에 내가 실제 겪었던 사례를 소개하겠다.

　한 10년 전 쯤의 일이다. 나는 당시 대리 직급으로 회사의 상표관리 업무를 담당했었다. 상표의 출원과 등록 관련한 업무는 변리사 고유의 영역이기 때문에 나는 상표관리업무를 수행하면서 변리사와 자주 통화를 했다.

　그때 내가 다니는 회사의 상표업무를 맡았던 변리사는 환갑이 다 된 고령에 회사와 거래 기간도 30년이나 되신 분이었다. 나는 당연히 나보다 연배가 많고 경험도 많은 변리사 분에게 이 것저것 물어보면서 상표 업무를 해 나갔다. 그런데 하면 할수록 감정이 상하는 일이 많아졌다. 우선 말투가 훈계조였고 질문에도 건성으로 대답하는 것이었다. 회사로부터 돈을 받는 변리사라면 고객인 나에게 친절히 응대해야 하는 것은 당연한 것임에도 불구하고 항상 나를 혼내는 선생님 같은 말투 때문에 나중에는 같이 일하고 싶지가 않았다. 또한 그 변리사와 식사를 같이 하면 그분은 주로 60년대 가수나 영화 이야기를 꺼내어 그 시대에 태어나지 않은 나로서는 지루할 뿐 그다지 흥미를 느끼지 못했다.

그러던 어느 날 한 변리사가 우리 회사와 거래를 하고 싶은 마음에 무작정 인사를 하러 왔다. 몇 마디 얘기를 나누다가 학번이 같다는 사실을 알게 되었다. 같은 세대이다 보니 서로 대화가 잘 통했고, 묻는 말에 아주 친절하고 상세하게 대답을 해주었다. 당연히 나는 젊은 변리사에게 호감을 가지면서 그와 새롭게 계약을 체결했다.

여기서 한번 입장을 바꿔 놓고 생각해 보자. 만일 내가 노후에 변리사가 되었을 때, 내 고객 기업의 상표 담당자는 나와 나이가 10년 이상 차이가 날 수 있다. 요즘 같은 조기 퇴직 시대에는 내가 늙었을 때 내 또래의 직원들이 회사에 남아 있을 가능성은 적기 때문이다. 그러면 기업의 젊은 상표 담당자는 늙은 나보다는 젊은 변리사를 선호할 가능성이 크다.

이럴 경우 나는 변리사 자격증을 취득하기 위해 돈과 시간을 투자했는데, 투자한 돈만 공중에 날리고 자격증은 장롱에 고이 모시게 되는 상황이 발생할지도 모른다.

자격증은 물론 중요하다. 그러나 위의 사례처럼 나이가 들어가는데, 고객군이 젊은 층이면 세대 간 공감을 이룰 수 없기 때문에 거래처를 뚫는 것은 상당히 어려울 것이다. 따라서 자격증 취득의 목적은 크게 두 가지로 구분해야 한다. 우선 회사 승진용인지, 인생 제2막 대비용인지를 구분해야 한다. 그리고 인생 제2막 자격증도 재취업용과 창업용으로 구분해서 고려해야 한다. 재취업용이라면 내 고객군이 회사 경영진과 인사 담당이겠지만, 창업용이라면 고객군은 10대에서 70대까지 다양할 것이다. 예를 들면, 청소년 심리상담사의 경우와 노인 복지사의 고객 연령은 엄연히 다르다.

인생 제2막은 우리의 노후를 지탱해 줄 버팀목이기 때문에 허술하게 준비해선 안 된다. 철저한 분석과 대비만이 노후의 안전을 지켜 줄 수 있다. 이러한 분석 없이 분위기에 휩쓸려 성급히 아무 자격증이나 따고 보자는 생각을 한다면 투자한 비용과 시간은 헛수고가 되면서 재정적인 여유도 누릴 수 없게 된다.

한 줄 고전에서 배우는
직장인 필승 전략

知之者勝, 不知之者不勝.

지 지 자 승, 부 지 지 자 불 승.

- 《손자병법》 '시계' 편 -

◆　　◆　　◆

싸움의 형세를 이해하는 자는 승리하고, 모르는 자는 승리하지 못할 것이다.

chapter
3

성공적으로 인생 제2막을 연 멘토들

성공적인 인생 제2막,
나는 직장 다니면서 이렇게 준비했다!

학창 시절 민태원의 《청춘예찬》, 피천득의 《인연》을 배우면서 공감하고 비판했던 일이 엊그제 같다. 그런데 어느새 흰머리를 신경 쓰는 불혹의 나이가 되었다.

남들처럼 취직도 하고 결혼도 했고, 아이들도 생겼다. 그렇게한 가족의 가장으로 살아가다 보니 어느덧 선배보다 후배가 더많은 직급, 회사를 다닌 날보다 다닐 수 있는 날이 적은 시점에서 있다. 회사에서나 집에서나 눈치 볼 사람들이 더 늘어나니나의 진짜 모습은 사라진 것 같아 때론 공허하게 느껴진다.

답답한 마음을 선배들에게 토로하면 언제나 이런 대답이 돌아온다.

"직장 다니는 동안에 퇴직 후 무엇을 할 것인지 고민해야 해.

나는 그러지 못해서 후회가 많이 된다."

맞는 말이다. 하지만 직장을 다니면서 인생 제2막을 준비한다는 것은 생각처럼 쉽지가 않다. 직장 내에서의 중간 관리자 역할, 가정 내에서 아버지, 남편, 아들, 사위 역할을 피할 수 없기 때문이다. 자기 몸 하나만 책임지면 되던 청춘 시절과는 달리 40, 50대들은 책임져야 할 것이 너무나 많기 때문에 주위를 둘러싼 환경은 거미줄처럼 얽혀서 복잡하기만 하다. 인생 제2막을 준비하기 위해서는 얽히고설킨 자신 주변의 실타래를 반드시 풀어야 한다.

그럼에도 불구하고 직장을 다니면서 바쁜 시간을 짬짬이 내어 인생 제2막을 성공적으로 준비한 사람들이 있다. 그들의 삶을 자세히 살펴보면 아래 네 가지 중 한 가지는 반드시 실천했다.

첫 번째, 직장 다니는 동안 한 분야에 대해 끊임없이 공부한다.

두 번째, 직장 다니는 동안 자기가 좋아하는 아이템 하나를 정하고 장기간 수집한다.

세 번째, 직장 다니는 동안 손재주를 계발하여 멋진 작품을 만든다.

네 번째, 직장 다니는 동안 자신만의 스토리를 만들고 그 스토리를 끊임없이 메모한다.

직장을 다니면서 무엇인가를 배운다고 하면 많은 사람이 '샐러던트'라는 단어를 떠올린다. 사실 대부분의 직장인은 회사에서 자기계발을 강요받으면 대부분 자격증 공부나 어학 공부를 하게 된다. 그렇기에 샐러던트라고 하면 항상 고정관념으로 자격증 취득이나 어학 성적 향상을 떠올린다.

그러나 무언가를 배워서 인생 제2막을 성공적으로 준비한 사람들의 사례를 보면 흔한 샐러던트가 아니라는 사실을 금방 알 수 있다. 남들과 다르게 취미를 열심히 배워서 그 취미를 자기 인생 제2막의 밥벌이로 연결했다. 예를 들면 댄스 스포츠, 사진, 악기, 바둑, 미술, 기타, 앞의 제2장에서 시간 낭비의 주범으로 들었던 골프 등이다.

취미가 아닌 자격증 취득의 경우라도 회사생활 연장을 위한 자격증보다는 주로 사회복지사, 심리상담사 등 봉사와 관련된 자격증이거나 숲해설가, 조경기사 등 자연친화적인 자격증이 많다.

아이템 하나를 장기적으로 수집한 사람들은 자신이 수집한 항목을 바탕으로 작은 박물관을 운영하거나 전시회를 연다. 예를 들면 직장 다니는 틈틈이 와인을 수집하여 퇴직 후 와인 바를 열거나, 미술품을 수집하여 화랑을 연다. 직장 다니는 동안 칼을 수집하여 퇴직 후 나이프 갤러리를 열고 칼과 관련된 책을 출간한다. 또 기타 공구를 수집하여 퇴직 후 기타 제작가로 나서는 사람도 있다. 이렇게 수집 하나만으로도 인생 제2막의 진로는 매우 다양하다.

나는 2013년 초에 가족과 함께 부산 여행 중에 해동 용궁사 옆에 있는 국립수산과학원을 방문한 적이 있었다. 그곳에서는 국립수산과학원 제8대 원장을 지낸 김명년 원장이 그간 수집한 물고기 관련 문화예술품을 전시 중이었다. 이 경우도 인생 제1막에서 자신이 좋아하는 것을 열심히 수집하여 인생 제2막을 꽃피운 예라고 할 수 있다.

인생 제2막에 멋진 작품을 만든 사람들이 있다. 멋진 작품의 대표적인 예로 책과 사진을 들 수 있다. 자신의 이름이 들어간 저서는 인세 수입과 강연 활동, 칼럼기고, 코칭의 원천이기 때문에 인생 제2막의 좋은 아이템이라 할 수 있다.

사진도 여행을 좋아하는 사람이라면 빠질 수 없는 아이템이다. 직장인이라면 누구나 주말에 가족과 여행을 가서 그곳의 풍광 사진을 멋지게 찍을 수 있다. 이 밖에도 자신의 기호에 따라 들꽃 사진, 사찰 사진, 곤충 사진 등 세부 아이템을 다양하게 만들 수 있다. 책과 사진 이외에 퇴직 후 그림, 조각 등 미술품을 만들거나 작사, 작곡을 한 사람도 인생 제2막에 멋진 작품을 만든 사람들이다.

위의 사례를 잘 살펴보면 첫 번째부터 네 번째까지는 교집합이 상당 부분 존재한다. 예를 들어 도자기를 수집해서 전시하려면 도자기에 대한 공부를 제대로 해야 한다. 멋진 사진 작품을 만들기 위해서도 사진에 대한 공부는 필수다. 와인을 수집할 경우 와인 수집 스토리에 대한 책을 낼 수도 있고, 와인을 멋진 배경으로 삼아 사진전을 열 수도 있다. 이렇듯 첫 번째부터 네 번째까지는 서로 유기적으로 연결되어 있다.

그렇다면 인생 제2막을 성공적으로 사는 사람들은 첫 번째부터 네 번째를 바쁜 직장생활에도 불구하고 어떤 방법으로 준비한 것일까?

그들은 주로 주말을 활용했다. 주말은 직장으로부터 격리된 온전한 자기 시간이다. 이 밖에도 철저한 자기관리를 통해 평일 퇴근 시간 이후의 학원이나 백화점 문화센터, 기타 동호회 활동 등으로 먼 미래를 내다보며 차근차근 자신만의 시간을 마련했다.

그 밖에 또 하나의 준비를 가능하게 한 수단은 바로 인터넷이다. 요즘은 블로그를 통해 자신이 하는 일을 홍보하는 것이 매우 용이하다. 온라인 카페를 통해 자신과 취미가 비슷한 사람을 만나 정보 교류를 하고 인간적인 유대를 맺는 것도 예전에 비해 상당히 쉬워졌다. 인생 제2막을 멋지게 사는 사람들은 대부분 50대 이후인데, 그들이 젊었을 때는 인터넷이 활성화되어 있지 않았음에도 불구하고 중년의 나이에 젊은 세대 못지않게 디지털을 활용하여 제2의 인생을 연 것이다.

이렇듯 시대에 뒤떨어지지 않으려면 끊임없이 공부하고 노력한 그들의 모습을 현재의 30~40대 중년은 배워야 한다.

다만, 직장일과 인생 제2막 준비를 병행하는 것은 뜻대로 쉽게 되지 않을 수도 있다. 예상치 못한 온갖 난관이 자신의 앞을 가로막을지도 모른다. 이와 관련해서 〈조선일보〉에서 연재 중인 정민의 〈세설신어〉에는 인생 제2막을 준비 중인 직장인이 반드시 새겨들어야 할 말이 나온다. 다음은 거기에서 인용한 글이다.

> 이덕무가 '이목구심서(耳目口心書)'에서 말했다. "사람이 한번 세상에 나면 부귀빈천을 떠나 뜻 같지 않은 일이 열에 여덟아홉이다. 한번 움직이고 멈출 때마다 제지함이 고슴도치 가시처럼 일어나, 조그만 몸뚱이 전후좌우에 얽히지 않음이 없다. 얽힌 것을 잘 운용하는 사람은 천 번 만 번 제지를 당해도 얽힌 것을 마음에 두지 않는다. 얽힌 것에 끌려 다니지도 않는다. 때에 따라 굽히고 펴서 각각 꼭 알맞게 처리한다. 그리하면 얽힌 것에 다치지 않게 될 뿐 아니라, 내 화기(和氣)를 손상시키지도 않아 저절로 순경(順境) 속에서 노닐게 된다."

인생 제2막을 계획하더라도 뜻대로 되지 않을 때가 많다. 사실 사람이 하는 일 가운데 열에 아홉은 뜻대로 되지 않는다. 직장일이 갑자기 바빠진다거나 아니면 뜻하지 않게 권고사직이나 해고를 당하거나 집안에 우환이 드는 등 어려움에 처할 수도 있다. 그렇다고 해서 조바심을 내거나 좌절해선 안 된다. 그러면 오히려 몸과 마음만 상하게 되고, 심할 경우 가족에게도 피해를 끼칠 수 있다.

인생 제2막을 준비하는 것은 나 자신을 비롯해 가족의 행복을 위해서다. 항상 인생 제2막의 본질을 잊어선 안 된다. 따라서 느긋한 마음과 여유를 갖는 것이 중요하다.

智如目也，能見百步之外而不能自見其睫.

지 여 목 야, 능 견 백 보 지 외 이 불 능 자 견 기 첩.

- 《한비자》 '유노' 편 -

◆　　◆　　◆

지혜란 눈과 같아 백 보 밖은 볼 수 있지만 자신의 눈썹은 볼 수 없다.

스페인 너는 자유다
여행 작가 손미나

사람은 누구나 불안정보다는 안정을 추구한다. 불안정이 주는 스릴은 있지만 안정이 주는 편안함을 무시할 수 없기 때문이다. 안정이 주는 안락함을 거부하고 불안정이라는 모험을 택하면서 자아를 실현하는 사람이 있다. 바로 여행 작가 손미나다.

손미나는 고려대 서어서문학과를 졸업하고 KBS 공채 24기 아나운서로 입사하여 '가족오락관', '세계는 지금', '바람의 여신' 등 다수의 프로그램을 진행했다. 특히 '도전 골든벨'을 진행한 이후부터는 많은 청소년의 우상으로 떠오르며 '미나 공주'로 사랑을 한 몸에 받았다. 그런데 어느 날 갑자기 그녀가 텔레비전에서 사라졌다. 그리고 한층 더 생동감 넘치는 모습으로 우리 곁에 돌아왔다. 스페인 유학 시절 자신이 보고 듣고 느낀 점을 솔직 담백하게 써낸 《스페인 너는 자유다》라는 책을 들고 우리 앞에 작가로 돌아온 것이다.

여행에세이 《스페인 너는 자유다》는 아나운서 손미나를 도전정신이 강한 자유인으로 대중에게 각인시켰다. 변신에 성공한 손미나는 최근에 자신의 이름을 내건 '손미나의 여행사전'이라는 프로그램을 진행하면서 많은 젊은이에게 꿈과 희망을 심어주고 있다.

보헤미안 손미나로서의 진솔한 모습을 보면서 일부 사람들은 '나도 회사를 그만두고 여행이나 다니면서 작가로 전업을 할까?'라는 막연한 환상을 갖기도 한다. 이에 대해 손미나는 다음과 같이 조언한다.

"자기의 꿈이 확고하고 그것에 대해 철저하게 그리고 오랫동안 준비한 사람이 아니라면 여행을 위한 퇴직은 굉장히 위험한 선택입니다. 저는 '새로운 것을 위해서 너의 것을 포기하라'는 말을 절대 하지 않습니다. 어느 누구든 새로운 일을 한다는 것은 발전을 하기 위해서입니다. 지금 있는 자리에서 더 이상 발전하기 어렵다면, 미래를 위해서 철저히 장기간 준비해야 합니다."

그녀는 사람들이 직장을 뛰쳐나가는 이유를 세 가지로 분석한다.

첫째, 지금 하고 있는 일이 너무 싫어서.

둘째, 회사로부터 인정받지 못해서.

셋째, 현재 일을 잘 하고 있지만 나 자신의 자아실현을 위해서.

과거 손미나는 당시에는 파격적이라고 할 만큼 과감하게 아나운서직을 박차고 나왔다. 그렇다고 충동적인 행동은 아니었다. 그녀는 첫째나 둘째가 아닌 셋째, 자신의 자아실현을 이유로 인생 제2막을 선택했기 때문이다.

그녀는 여행 작가를 선택하게 된 이유를 다음과 같이 말한다.

"대학을 졸업하고 남들이 선망하는 직장을 얻고 치열하게 앞만 보고 달려왔습니다. 부지런히 살려고 노력하면 할수록 이상하게 방송국 생활은 더 바빠지더라고요. 대학 시절 좋아했던 외국어 공부도 많이 했지만 어딘지 모르는 공허함은 끊임없이 나를 괴롭혔어요. 그리고 내 자신이 스스로 정체되어 있다고 계속 느끼게 되었답니다."

그래서 그녀는 정상의 자리에 올랐을 때 제2의 인생을 위해 그 자리에서 내려와 새로운 길을 택했다. 스페인 유학 시절 1년 동안의 기록을 빼곡하게 담은 《스페인 너는 자유다》는 그녀에게 아나운서 생활 10년의 터닝포인트이자 '빛나는 30대'로 들어서기 위해 자기 자신을 되돌아보는 기회가 된 책이다.

실제로 그녀는 고등학교 때 이후로 꾸준히 일기를 써 왔다. 좋아하는 사람에게 늘 책을 선물하고 대학에서도 문학을 전공할 정도로 작가의 세계를 동경했다.

그러면서도 한편으로는 책을 통해 체험하게 되는 간접 경험보다 항상 손에 만져 보고 느낄 수 있는 직접적인 경험을 좋아했다. 이것은 그녀가 아나운서 일을 하는 동안에도 브라운관을 통한 간접 체험보다 발로 뛰는 직접 체험에 대해 더욱 갈망하도록 이끌었다. 그래서 그녀는 새로운 사람들을 만나고, 가 보지 못한 곳으로 여행할 계획을 세우게 된 것이다.

그러나 방송을 접고 스페인으로 가고 싶다고 했을 때 주변 사람들은 모두 그녀를 만류했다. "아나운서로 가장 활발한 활동을 하고 있는 시점에 일을 접고 떠나면 후배들이 그 자리를 차지할 것인데, 돌아왔을 때 그 위치에 다시 서지 못하면 어떻게 할 거냐?"라는 얘기도 많이 들었다고 한다.

그러나 그녀는 아나운서의 화려하고 탄탄한 길을 뒤로한 채 스페인 유학을 결심한다. 그 이유는 '지금'이 아니면 앞으로도 떠날 용기를 내지 못할 것이라는 마음의 소리가 너무나 간절했기 때문이다.

이후 그녀는 스페인 유학을 마치고 아나운서로 복귀한 이후에도 여러 프로그램을 진행하면서 주말이면 하루 14시간 이상씩 글쓰기에 몰입했다. 미용실에서 머리를 하면서도 컴퓨터를 앞에 두고 자판을 두드리며 글을 썼다.

한때는 글을 쓰면서도 '내가 쓴 글이 사람들한테 얼마나 관심을 불러일으킬까?'라는 생각이 그녀의 머릿속에 맴돌았다. 하지만 '진심을 담은 글이라면 사람을 감동시킬 수 있을 것이다'라는 신념으로 맹렬히 글을 쓴 결과 오늘날 작가의 신분으로 성공적으로 변신했다.

그녀는 강연에서 이런 말을 종종한다.

"인생은 내가 누구인지를 알아 가는 것입니다. 인간은 영혼 속에 무언가를 갖고 태어나는데 영혼을 가진 인간으로 내가 어떻게 사는 것이 행복할 것인지를 생각하기보다는 돈과 명예 등 사회 기준에 맞춰 살게 됩니다. 따라서 대다수는 나를 알지도 못하고 남에게 보여 주기 위한 삶을 삽니다. 하루 5분이라도 나에 대해 생각해 보는 것이 모든 것의 시작입니다."

그녀는 자기 자신을 진정 되돌아보고 화려했던 방송국 아나운서 시절 10년은 정말 열심히 살았지만, 그것이 자신을 진정으로 만족시키지는 못했다고 고백했다. 그러면서 "꿈과 직업이 일치된 길을 만들어 가기 위해 앞으로도 계속해서 열정을 이어가겠다"라고 다짐했다.

우리보다 먼저 살다 간 앞선 시대의 현인들은 저마다 인생을 정의하고, 수만 가지 명언을 남겼다. 하지만 우리 인생의 방향 전환에 좀 더 직접적인 도움을 줄 수 있는 것은 현인들이 남긴 말보다 동시대를 성공적으로 살고 있는 사람들의 모습이다. 그런 점에서 타성에 젖은 삶에서 자신이 가장 좋아하며 가슴 뛰는 일을 찾아 뛰어든 손미나 작가야말로 바람직한 롤모델이자 멘토라는 생각이 든다.

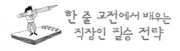
한 줄 고전에서 배우는
직장인 필승 전략

子曰, 不曰如之何如之何者, 吾末如之何也已矣.

자 왈, 불 왈 여 지 하 여 지 하 자, 오 말 여 지 하 야 이 의.

- 《논어》'위령공' 편 -

◆　　◆　　◆

공자가 말했다.

"'어떻게 할까? 어떻게 할까?'라며 걱정조차 하지 않는 사람은

나도 어떻게 할 방법이 없다."

관점을 디자인하라
대한민국 최초 관점 디자이너 박용후

한 청년이 나무 밑에서 쉬고 있었다. 그런데 갑자기 사과가 떨어졌다. 그 청년은 생각했다. '왜 사과는 옆으로 떨어지지 않고 아래로 떨어질까?'

이처럼 당연한 것을 당연한 것으로 받아들이지 않은 청년이 있었다. 이 청년이 '만유인력의 법칙'을 발견한 과학자 뉴턴이다.

"당연함에 갇히지 마라! 당연함에 갇히면 아무것도 바꿀 수 없다."

이 말은 어찌 보면 누구나 쉽게 할 수 있는 말처럼 보인다. 뉴턴의 사례처럼 평소 조금만 자연 현상에 의문을 품으면 새로운 것을 발견할 수 있을 듯한 생각이 든다. 하지만 현실에서 당연함에 의문을 품고 새로운 것을 발견하는 사람은 극소수에 불과하다. 그런데 여기 극소수에 속하는 사람이 있다. 바로 국내 유일의 '관점 디자이너' 박용후다.

그는 현재 마케팅과 홍보 분야의 전문가이자 자타가 공인하는 '착한 기업 홍보이사'다. 13개의 명함을 갖고 있고, 최근에는 3개가 더 늘어 총 16개의 명함, 즉 한 달에 16번 월급을 받는 것으로 화제가 되고 있다. 그는 마케팅, 홍보 전문가라는 말이 싫어 직접 '관점 디자이너'라는 직업명을 만들어 대한민국 최초의 '관점 디자이너'가 되었다.

관점 디자이너 박용후는 PC매거진 기자로 사회생활을 시작했다. 기자 생활을 하던 중 사업 제안을 받고 소프트웨어 개발 사업 등 다양한 사업에 뛰어들었다. 이후 1억 명이 넘는 이용자 수를 자랑하는 카카오톡의 홍보이사를 역임했고, 뽀로로 등 애니메이션으로 유명한 오콘, 모바일 결제 분야의 다날, 애니팡을 개발한 선데이토즈, 이아러브커피의 개발사인 ㈜ 파티게임즈의 커뮤니케이션 전략이사 등 다양한 활동을 하고 있다.

그는 최근 《관점을 디자인하라》는 책을 펴내 사람들에게 '당연함의 함정'에서 벗어날 수 있도록 일깨워 주고 있다. 그의 저서를 보면 관점을 다르게 함으로써 성공한 다양한 사례를 접할 수 있다.

1. 아르키메데스는 목욕탕에 들어갔다가 물이 넘치는 현상을 보

고 '유레카'를 외치며 '아르키메데스의 원리'를 발견한다.

2. 일본 아오모리 현에서 태풍이 닥쳐 수확을 앞둔 사과의 90퍼센트가 땅에 떨어졌으나, 나뭇가지에 매달린 10퍼센트의 사과를 '합격 사과'라고 명명하자 수험생을 둔 부모들이 앞다투어 구매한다.

3. 일본 아사히야마 동물원은 뒤뚱거리는 펭귄 대신 하늘을 나는 펭귄을 볼 수 있게 함으로써 폐쇄 위기를 딛고 도쿄의 우에노 동물원 관람객 수를 추월한다.

4. 사람들이 겨울철에는 콜라를 마시지 않을 것으로 예상되자, 코카콜라는 산타클로스를 모델로 등장시켜 겨울철에도 여름철 못지않은 판매량을 유지한다.

5. 아파트 1층은 밖에서 안이 들여다보이고, 조망도 좋지 않아 입주민의 선호도가 낮으나, 필로티 방식 건축 또는 1층에 정원을 만듦으로써 입주민의 선호도를 높인다.

그는 실생활에서도 위의 사례들처럼 당연함을 부정하며 관점을 다양한 방법으로 디자인한다. 그는 그만의 관점을 바꾸어 오피스리스워커(Officeless Worker)로서 일하고 있는 것이다.

그는 한 달에 16개의 업체로부터 16번의 월급을 받는 바쁜 일정에도 불구하고 그 흔한 사무실 하나 없다. 비서도 없고 직원도 없다. 그러나 그는 1인 기업가로서 수많은 일을 해내고 있다. 이것이 가능한 이유는 그는 관점을 바꾸면서 생활하기 때문이다.

그에게는 노트북을 켠 장소가 사무실이고, 스마트폰이 그의 비서다. 사무실과 직원도 없는 그가 분명히 갖고 있는 것이 하나 있다. '상품은 파는 것이 아닌 대중에게 새로운 관점을 제공하는 것'이라는 확고한 신념과 직업관이다.

또한 그는 마케팅의 개념도 남들과 다르게 정의한다. '고객의 관점을 바꿔 우리 제품 또는 서비스를 다르게 보이도록 만드는 것', 이것이 그가 내린 마케팅의 정의다. 그는《마케팅은 짧고 서비스는 길다》라는 책에서 관점을 바꿔 매출을 증대시킨 이세탄 백화점의 사례를 자주 인용한다.

이세탄 백화점은 '매장은 물건을 파는 곳이 아니라, 고객이 물건을 사는 곳'으로 정의했다. 물건을 파는 곳이라는 정의에서 주체는 판매 사원이 되지만, 고객이 물건을 사

는 곳이라는 정의에서는 주체
가 고객으로 전환된다. 이렇
듯 일상생활에서 주어 자리
에 판매자가 아닌 고객을
넣는 방법으로 발상을 전
환한다면 개인이든 기업이
든 매출을 늘릴 수 있다고
그는 확신한다.

관점을 바꾸면
그동안 보이지 않던 것도
보인단 말이지!

실제로 우리가 관점을 바
꾸면 새롭게 보이는 일이
너무도 많다. 그의 주장대
로 주어만 바꾸더라도 관
점이 달라지는 것처럼 '나'
라는 객체를 주체로 바꾸는
경우에도 관점이 달라질 수 있
다. 즉, 새로운 세상을 볼 수 있
다. 예를 들면 다음과 같다.

첫째, 회사는 내가 일하면서 월
급을 받는 곳이 아니라, 내가 장래
에 인생 제2막을 펼치기 위한 경험을
쌓기 위해 일하는 곳이다.

이렇게 발상의 전환을 한다면 회사

각각의 부서에서 하는 업무가 새롭게 보일 수 있다.

둘째, 서점은 남이 쓴 책을 사는 곳이 아니라 내가 장래에 쓸 책을 파는 곳이다.

이렇게 생각하는 순간 서점에 배치되는 책의 종류, 배치 방식, 최근 독자의 트렌드가 새롭게 보일 것이다.

셋째, 식당은 남이 요리한 음식을 사먹는 곳이 아니라, 내가 만들 요리를 미리 먹어 보면서 준비하는 곳이다.

이런 마음가짐을 갖는다면 평소 외식을 하더라도 식당 인테리어, 주방의 모습, 테이블 배치, 식재료, 메뉴 구성에 대하여 꼼꼼히 관찰하게 될 것이다.

박용후는 마흔 살이 넘어서 사업에 실패한 뒤 어머니에게 매일 용돈을 받아 생활하던 실패자였다. 하지만 그는 다시 딛고 일어나 마침내 10개가 넘는 기업에서 월급을 받고 있다. 그는 현재 남들보다 많은 돈을 벌고, 최근에 펴낸 책이 베스트셀러가 되면서 여기저기에서 쇄도하는 강연 요청에 행복한 비명을 지르고 있다.

만약 당신이 현재 고달픈 인생 제1막을 살고 있다면, 관점을 바꿈으로써 새로운 인생 제2막을 멋지게 만들어 나갈 수 있다.

'뒤돌아보면서 변화를 알 것인가?, 변화를 느끼면서 미래를 바꿀 것인가?'

박용후가 늘 강조하는 것처럼 인생 제1막에 몸담고 있을 때

발상의 전환을 하고 관점을 바꿔 보는 훈련을 끊임없이 한다면, 어떤 변화도 지나치지 않고 느낄 수 있다. 그리고 미래를 바꿀 힘도 키울 수 있다.

눈부신 제2막은 다름 아닌 항상 눈과 귀를 여는 사람에게 열려 있다.

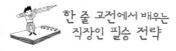

子曰, 性相近也, 習相遠也.

자 왈, 성 상 근 야, 습 상 원 야.

– 《논어》 '양화' 편 –

◆　　◆　　◆

공자가 말했다.

"사람은 타고난 본성은 서로 비슷하나 학습에 의하여 서로 멀어지게 된다."

아프니까 청춘이다
청춘 멘토 김난도

'당신의 인생의 시계는 몇 시인가?'

살면서 스스로에게 이런 질문을 던져 본 사람은 많지 않을 것이다. 하루는 24시간이지만 그것을 인생으로 비교 분석해 본 경험이 없기 때문이다. 그런데 요즘 청춘들은 하루 24시간을 종종 인생에 비유하곤 한다. 서울대 김난도 교수의 저서 《아프니까 청춘이다》가 출간된 이후 나타난 신드롬이다.

인생시계는 하루 24시간을 인생에 비유한다. 만일 인간의 평균 수명을 80세로 가정한다면 스무 살은 새벽 6시에 불과하다. 서른 살이라고 하더라도 막 출근해서 일할 시간인 오전 9시에 지나지 않는다.

김난도는 인생시계를 통해 20대 청춘은 직장에서 업무를 시작도 하기 전의 시간이라고 말한다. 실패를 하더라도 전혀 문제가 되지 않으며, 언제든지 다시 시작할 수 있는 기회가 많음을 강조한다. 기성세대의 대다수는 청춘에게 사회의 '갑'으로 군림할 수 있는 공무원이나 대기업 취업을 주로 권유하면서 청춘들의 꿈에 한계를 미리 설정하지만, 김난도 교수는 그간의 연구 결과를 바탕으로 다른 해법을 제시했다.

"취미가 직업인 시대가 도래하고 있습니다. 따라서 자신이 좋아하는 일에 대한 아이디어만 있으면 언제든지 창업이 가능합니다. 비록 취업이 안 되었거나 시험에 합격하지 못했다고 하더라도 좌절할 이유가 전혀 없습니다."

청춘이 오전 9시가 되기 전의 시간이라면 마흔 살 중년은 몇 시일까? 평균수명을 80세로 가정하면 이제 막 정오 12시이며, 만약 100세로 가정한다면 마흔 살의 인생시계는 오전 9시 36분에 불과하다. 즉, 100세 시대를 살게 되는 시대의 40대는 이제 막 일을 시작한 나이에 불과하다.

김난도가 인생시계라는 개념을 처음으로 만든 것은 아니다. 프랑스 디자이너 베르트랑 플란느(Bertrand Planes)가 창안했다. 하지만 김난도 교수는 우리에게 생소한 인생시계라는 개념을 널리 알리면서 누구든지 자신의 시간이 무궁무진하게 남아 있음을 깨닫게 해 주었다.

그는 원래 법과대학을 졸업한 법학도였다. 학창 시절 때는 행정고시를 준비했으나 세 차례 낙방한 끝에 고시 공부를 포기하고 이후 방향을 전환하여 현재는 서울대학교 소비자학과 교수로 재직 중이다.

그는 약어를 가지고 트렌드를 만들어 내는 데 일가견이 있다. 그가 쓴 《트렌드코리아》는 그해의 소비 전망을 12간지와 연결시킨다. 예를 들면, 2013년이 '뱀의 해'이면 뱀의 종류인 COBRA의 머리글자를 따서 그해의 '소비트렌드 키워드'를 뽑아내는 것이다.

그의 이런 천재적인 키워드 추출 능력은 미래의 '잡트렌드(Job Trend)'를 찾는 데서도 발휘되었다. 그는 미래의 영문 단어인 'FUTURE'의 머리글자를 추출하여 미래 직업시장을 뒤흔들 6대 '잡트렌드'를 발표했다. 내일(來日, Tomorrow)에서 내일(My Job)을 찾으려면 미래의 일자리 트렌드를 알아야 하는데 그는 저서 《김난도의 내일》을 통해 'FUTURE'의 여섯 가지 키워드를 아래와 같이 제시했다.

1. From White-collar to Brown-collar: '브라운칼라(Brown-collar)'의 등장
2. Utopia for Nomad-workers: 시간과 장소의 제약 없이 일하는 '노마드 워커'
3. Towards Social Good: 착한 일 전성시대, '소셜 사업'의 대두

4. Unbelievable Power of Fun: '여유 경영'의 힘, 적게 일하고 많이 번다.

5. Return to Local Places: 지역에서 살길을 모색하는 '컨트리 보이스'들의 활동

6. Entrepreneurship for Micro-startups: 적은 자본이지만 아이 디어로 무장한 '마이크로 창업'의 확산

여기서 첫 번째로 나오는 브라운칼라는 블루칼라의 노동력과 화이트칼라의 아이디어를 결합하여 새로운 직업을 창조하는 계층을 말한다. 김난도 교수는 10개월 동안 세계 10개국을 돌면서 그동안 선망받던 화이트칼라 노동과 기피 대상이었던 블루칼라 노동의 이분법이 무너지는 현상을 목견한다. 이분법이 무너진 틈새에서는 새롭게 조명받는 일자리가 등장하고 있다. 영국 집사학교, 네덜란드 말밥굽 전문가 등이 바로 그 예다.

국내에서 천대받는 일들이 해외에서 돈벌이가 되는 사례는 전통적인 일자리 가치관에 매여 있는 우리에게 경종을 울리고 있다.

사실 국내에도 이미 변화의 조짐은 나타나고 있다. 미국 명문대를 나와 서울 북촌에서 인력거를 끌고 있는 '아띠인력거' 이인재 대표, 국내 건설회사 사무직을 박차고 나와 친환경 가구업체에서 일하는 31세의 목수 호종훈 씨가 브라운칼라의 대표적인 사례로 소개되어 있다.

"학생들에게 아는 직업을 모두 써 보라고 했더니, 최고로 많이 쓴 학생이 200개, 평균적으로 100개 정도의 직업밖에 알지 못하더라고요. 직업 사전에 등재된 직업은 2만여 개가 되는데도 말입니다."

청춘들뿐만 아니라 직장을 10년 이상 다닌 사람도 우리나라에 존재하는 직업을 써 보라고 하면 100개를 넘기기가 쉽지 않다. 그만큼 직장인도 자기 주변을 둘러싼 환경 이외의 다른 세상을 잘 모르는 것이다. 이렇게 앞만 보고 달려온 마흔의 중년에게 김난도 교수가 말하는 '잡트렌드'는 시사하는 바가 상당히 크다. 언젠가는 직장을 나가서 새로운 인생 제2막을 열어야 하는 지금의 중년도 이제까지 자신이 했던 일을 단순히 연장하는 것보다는, 브라운칼라, 노마드워커 등 자신만이 할 수 있는 영역을 잡는 것이 인생 제2막을 여는 열쇠일지 모른다.

아직까지 중년의 대다수가 인생 제1막은 화이트칼라나 블루칼라 위주의 잡(Job)에 종사하고 있다. 하지만 브라운칼라 시대가 본격적으로 열리면 인생 제2막을 브라운칼라의 일로 시도해 보는 것은 어떨까? 자신이 가진 인생 제1막의 경험과 아이디어, 거기에 건강한 노동력을 더한다면 우리도 청춘들 못지않은 브라운칼라가 될 수 있다. 최근 귀농해서 성공한 사람들도 어떻게 보면 성공한 브라운칼라에 해당한다.

1990년대가 저물고 2000년대에 들어설 때 사람들은 새로운 시대가 열릴 것을 기대했다. 밀레니엄 열기를 타고 구본형의 《그대 스스로를 고용하라》는 책은 선풍적인 인기를 끌었다. 이 책에서는 대규모 조직에서 근무하는 직장인의 시대는 끝나고 Self-Employment 시대가 온다고 예고했는데 실제로 2000년대 이후 1인 기업이라는 단어가 등장했다. 그리고 그 시류에 편승해 공병호, 구본형, 이영권, 박용후, 박재희, 김미경 등 수많은 1인 기업이 등장했다.

만일 마흔의 중년이 브라운칼라, 노마드워커 등 새로운 '잡트렌드'에 편승한다면, Self-Employment라는 트렌드를 좇아 성공한 1인 기업들처럼 시대를 앞서가고 세대를 뛰어넘는 스타가 될 수 있다.

사회에서 퇴물 취급을 받는 마흔 살 직장인이라고 해도 인생 시계는 이제야 막 12시를 지난 시각에 불과하다. 만일 100세까지 산다면 아직 오전 10시도 안 된 시간이다. 앞으로도 할 일이 무궁무진하게 많으니 미리 좌절할 필요가 전혀 없다.

직장에서 위기신호가 보인다 하더라도 잠시 숨을 고르면 언제든지 인생 제2막을 준비할 수 있다. 아직 인생길은 절반 이상이 남아 있고, 새롭게 일을 시작할 힘도 있기 때문이다.

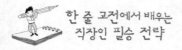

木石之性, 安則靜, 危則動, 方則止,

목 석 지 성, 안 즉 정, 위 즉 동, 방 즉 지,

圓則行, 故善戰人之勢, 如轉圓石於千仞之山者. 勢也.

원 즉 행, 고 선 전 인 지 세, 여 전 원 석 어 천 인 지 산 자. 세 야.

- 《손자병법》 '병세' 편 -

◆　◆　◆

나무와 돌은 평지에 두면 움직이지 않으나

높고 경사진 곳에 놓아 두면 미끄러져 굴러간다.

그 모양이 모나면 정지하고, 둥글면 굴러간다.

그러므로 유능한 장수는

천 길 높이의 산에서 둥근 돌을 굴리는 것과 같은 전세를 만든다.

이것이 병법에서 말하는 '세'다.

빅 픽처를 그려라
위닝경영연구소 대표 전옥표

"좋아하는 동물을 그려 보렴."

선생님이 아이에게 말했다. 그러자 그 아이는 도화지를 새카맣게 칠해 놓았다. 그것도 한 장이 아닌 수십 장을 까맣게 칠한 것이다. 부모는 걱정이 되어 정신과 의사에게 찾아가 상담도 했지만, 아이의 행동은 나아지지 않았다. 결국 아이는 병원으로 보내졌다.

그 아이가 병원에서도 도화지를 까맣게 칠하고 있던 어느 날이었다. 아이의 책상 서랍에서 퍼즐조각이 발견되었다. 뭔지 이상하다고 생각한 어른들은 아이가 그린 도화지 전체를 펼쳐보았다. 그리고 하나씩 붙여 보기 시작했다. 마치 퍼즐을 맞추는 것처럼. 그러자 놀라운 광경이 펼쳐졌다. 아이는 아무 생각 없이 까맣게 그린 것이 아니었다. 바로 고래를 그린 것이었다. 도화지 한 장에는 도저히 담을 수 없는 큰 고래를 말이다.

위의 글은 전옥표의 저서《빅 픽처를 그려라》서문에 인용된 이야기다. 이 이야기는 일본 공익광고에 나왔는데 전옥표는 이를 듣고 난 후 큰 영감을 받아서 그가 만나는 사람들에게 이 이야기를 종종 전하곤 했다고 한다.

실제로 전옥표는《빅 픽처를 그려라》의 책 제목처럼 '빅 픽처'를 그리는 인생을 살아왔다. 그는 대학을 졸업한 후 국회의원 비서로 사회에 첫 발걸음을 내디뎠지만, 정치는 자신의 적성과 맞지 않는다고 생각하여 삼성전자에 입사한다. 삼성전자에서는 주로 마케팅 부서에서 일을 했다. 지펠, 하우젠, 파브 등 삼성 제품을 인기 브랜드로 탄생시킨 공로로 그는 삼성전자 마케팅 담당 임원까지 승진하기에 이른다.

그러나 지위가 올라가면서 자신도 모르게 교만이 싹텄다고 그는 고백한다. 치열한 경쟁과 선두 다툼, 철저한 성과 위주의 생활에서 이기적으로 변해 가는 자신의 모습을 발견한 것이다. 그는 오랜 고민 끝에 '선한 영향을 주는 사람이 되겠다'라는 '빅 픽처'를 실현하기 위해 삼성전자를 자발적으로 퇴사한다. 그 후 쌤앤파커스 출판사 대표, 숭실대학교 경영학부 교수, 서울특별시 정책자문위원 등을 거쳐 현재는 위닝경영연구소 대표로 재직 중이다.

그는 '빅 픽처'를 '인생을 더 멀리, 더 길게, 더 넓게 보는 힘'으로 정의내린다. 지금은 앞이 불투명하지만 자신 앞에 놓인 퍼즐을 하나씩 맞춰 가다 보면 도달할 수 있는 목표, 그것이 그가 강조하는 인생의 큰 그림인 '빅 픽처'다. 그는 '빅 픽처'를 통해 막연히 다른 사람의 삶을 동경하지 않고 자신의 인생을 직시할 수 있다고 강조한다.

또한 잃어버린 자신의 정체성을 찾게 됨으로써 인생의 변곡점에 처했을 때 흔들리지 않고 제2의 인생 도약을 이룰 수 있다고 말한다. 그리고 인생의 큰 그림인 '빅 픽처'를 현실로 바꾸기 위한 수단으로 아래의 다섯 가지 동력을 제시한다.

1. 관점: 남의 인생이 아니라 자신의 인생을 깊게 들여다보고 원하는 것을 찾는 힘
2. 목표: 하루가 아니라 인생 전체를 생각하며 상상할 수 있는 가장 큰 꿈을 꾸는 힘
3. 관리: 모든 것을 다 잘하는 것이 아니라 제대로 된 '포기'를 통해 현실과 꿈의 간극을 조절하는 힘
4. 창의: 현재의 상황보다 좀 더 성장하기 위해 변화하고 생각의 크기를 확장하는 힘
5. 소통: 마음과 마음이 통하는 교류를 통해 더 많은 사람과 협력할 수 있는 힘

이 다섯 가지 동력은 '빅 픽처'를 통해 꿈을 이룰 수 있는 수단이다. 자신의 삶이 어떤 존재가치를 지녔는지에 대해 끊임없이 묻고 그 답을 구체화할 수 있는 노력은 이 다섯 가지의 동력에 녹아 있다. 그는 이 다섯 가지 동력이 실현될 수 있다면 어제보다 나은 삶을 살 수 있고, 자신이 간절히 원하는 인생에 다가설 수 있다고 말한다.

전옥표 저자는 자신을 베스트셀러 작가로 만들어 준 《이기는 습관》과 《킹핀》을 통해서 대중에게 성공에 다가설 수 있는 비결을 공개했다. 그중에서 대표적인 것은 다음과 같다.

첫째, 인생은 셀프마케팅임을 강조한다. 흔히 마케팅이라고 하면 일반적으로 생산자가 상품 또는 서비스를 소비자에게 유통시키는 데 관련된 일련의 경영활동이라고 생각한다. 그러나 그의 해석은 조금 다르다. 의식주와 같은 기본적인 문제는 물론이요, 어느 학교에 다닐 것인지, 어떤 직장에 입사할 것인지, 누구와 결혼할 것인지, 어느 동네에 집을 마련할 것인지 등 헤아릴 수 없이 많은 선택을 위한 활동 자체가 마케팅과 다를 바가 없다고 말한다.

회사는 늘 마케팅을 통해 성장한다. 인생도 이와 다를 바가 없다. 선택의 기로에 놓일 때 마케팅 기법을 접목한다면 자기 자신이 성장하지 못할 이유는 없다는 것이다.

둘째, 돈을 벌기 위해서는 절대 자만해서는 안 된다고 한다. 돈은 항상 낮은 곳으로 흘러 들어가기 때문에 돈에 대해서는 최

대한 겸손하게 낮게 임하는 자세를 가져야 한다. 아무리 잘나가는 기업도 자만하면 한순간에 무너질 수 있다. 하물며 기업도 이러한데 기업보다 규모가 훨씬 작은 개인이 빈곤의 나락에 떨어지는 것은 기업보다 훨씬 더 빠르게 진행될 수 있다. 그렇기 때문에 늘 긴장하면서 겸손한 자세, 절제의 미덕을 잃지 말아야 한다고 강조한다.

셋째, 그는 열심히 하는 것만으로는 안 된다고 강조한다. 핵심 공략의 중요성을 강조하면서 볼링에서 5번 핀인 '킹핀'을 공략하라고 언급한다. '킹핀'은 볼링 게임에서 10개의 핀을 모두 쓰러뜨리는 급소가 되는 5번 핀을 말한다. 그는 "우리의 삶과 회사 운영 등도 볼링 게임과 같다"라고 전제한 뒤 "열심히 일만 해서는 탁월한 성과는 결코 나오지 않는다. '킹핀'을 공략하는 것처럼 적은 자원으로 탁월한 성과를 내는 것이 효율적인 성취 방법이다"라고 강조한다.

이렇게 전옥표 저자는 다수의 저서에서 누구나 행복한 방법으로 성공에 이르는 길을 알려 주고 있다. 그의 말대로 우리가 늘 이기는 삶을 살고 혁신적인 삶을 원한다면 '빅 피처'같은 인생의 장기 목표를 설정하고 큰 그림을 그리는 과정이 반드시 필요하다. 하지만 대다수 직장인은 '빅 피처'를 그리지 못하고 하루살이처럼 오늘 하루의 업무에만 매몰되는 삶을 사는 게 현실이다.

물론 직장인들은 변화에 대비해야 하는 삶을 살아야 하는 것도, '회사는 나를 지켜주지 않는다'라는 사실도 분명히 알고 있다. 그러나 현실에서는 조직 개편에서 들려오는 경고음을 들으면 그제서야 미래를 대비한다면서 잠시 학원을 등록하여 다닌다. 그러다 회사가 안정화되면 언제 그랬느냐는 듯이 다시금 이전의 모습으로 돌아간다. 현실에 매몰되어 살다 보니 그 단순한 진리를 잊어버린 채 '빅 픽처'를 그리지 못하는 것이다.

그렇다면 인생의 장기 목표가 꿈을 이루고 행복하게 사는 데 얼마나 도움을 줄까?

하버드 대학교와 예일 대학교 심리연구소의 연구에 따르면, 행복과 성공을 결정짓는 요인은 '시간 전망'이라고 한다. 훌륭한 사람들은 항상 먼 미래를 내다보고 현재의 행동 하나하나에 신중을 기한다는 것이다. 장기적 관점에서 어떤 일이나 사물을 바라보면 마음의 흔들림이 없다. 그러므로 벽에 걸린 큰 그림, 나무가 울창한 숲을 제대로 보기 위해서는 한 발짝 뒤로 물러서야 한다.

아직도 원하는 것이 무엇인지 몰라 고민하고 있다면, 세월은 흘러가는데 이뤄놓은 것이 아무것도 없는 것 같아 불안하다면, 잠시 걸음을 멈추고 물러서서 나 자신을 바라보자. 고래라는 그림을 생각하지 않고 계속 검정색만 그린다면 내 인생의 스케치북은 검정색으로 끝나겠지만, 한 발짝 물러서서 손가락 끝이 아닌 손가락이 지시하는 방향을 바라본다면 내 인생의 '빅 픽처'를 그리는 것이 어렵지는 않을 것이다.

당신이 지금 하고 있는 업무가 고래 그림의 일부인지, 아니면 단순한 검정색 색칠인지는 전적으로 당신이 '빅 픽처'를 그렸는지 그리지 않았는지에 달려 있다. 기차가 깜깜한 터널 속에 있다고 멈춰 있지 않듯이 당신 자신의 포지션이 비록 지금은 어두운 터널일지 몰라도 항상 '빅 픽처'를 그리고 준비해야 한다. 멋진 미래를 생각하고 고래 그림, 즉 빅 픽처를 그린다면 머지 않아 축제 같은 인생 제2막이 펼쳐지기 시작할 것이다.

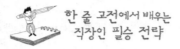
한 줄 고전에서 배우는
직장인 필승 전략

隨時以擧事, 因資而立功, 用萬物之能而穫利其上,
수 시 이 거 사, 인 자 이 립 공, 용 만 물 지 능 이 확 리 기 상,

故曰 : "不爲而成."
고 왈 : "불 위 이 성."

- 《한비자》 '유노' 편 -

◆　　◆　　◆

기회를 좇아 일을 도모하고, 객관적인 조건을 빌려 공을 세우고,

만물의 성질을 이용해 그 위에서 이익을 얻는다.

그래서 노자는 "하지 않고도 이룰 수 있다"고 했다.

당신은 드림워커입니까

드림자기계발연구소 대표 권동희

'삭은 청춘, 성난 중년.'

이 표현은 2013년 8월 〈조선일보〉 '김수혜의 트렌드 돋보기'
에 나온 칼럼 제목이다. 이 칼럼은 힘없는 청춘을 다음과 같이
묘사했다.

'취재하러 돌아다니며 20대 젊은이를 심심찮게 만난다. 그런데
화끈하게 반항하는 20대와 마주치는 일은 좀처럼 없다. 대다수가
맥 빠질 만큼 다소곳하다. 부모와 학교와 사회가 시키는 대로 공
부에 목매고 취업에 목맨다. 입사하면 회사 말도 잘 듣는다. 무슨
일이 있을 때면 SNS로 좀 떠들긴 한다. 그러나 투덜대는 수준이
지 "갈아엎자"고 정색하는 경우는 극히 드물다. 불온하지가 않다.'

정말 동감이 가는 내용이다. 위의 칼럼처럼 요즘 청춘들은 힘이 없다. 기성의 사회 통념, 제도, 가치관을 부정하고 인간성의 회복을 주장하며 반사회적으로 행동했던 1960년대 미국의 히피 세대는 '청춘'의 상징이었다. 대한민국에도 기성세대의 주류 문화에 반기를 듦으로써 상징적인 청춘을 보여준 예는 많다. 독재정권에 처절히 반항하며 투옥도 불사했던 4·19세대, 유신세대, 386세대가 그러했다. 이미 40대에서 60대가 된 이들이 젊었을 때는 기존의 권위적인 질서를 타파하고 새로운 질서를 만들려는 청춘의 몸부림을 보여 주었다.

반면, 요즘 청춘들에게는 기성세대의 주류 문화를 거부하고 비주류 문화를 주류 문화에 편입시키려는 패기가 보이지 않는다. 위의 칼럼처럼 청춘은 정말이지 푹 삭아 있다.

그러나 요즘 청춘과 다르게 삭지 않은 청춘이 있다.《당신은 드림워커입니까》의 저자 권동희가 바로 그런 부류의 사람이다.

아직 대중에게 널리 알려지지 않았지만 그녀는 힘들어 하는 청춘들에게 꿈을 심어 주는 동기부여가이며 자기계발 작가다. 직장에서 또래들에 비해 일찍 승진하고, 연봉도 올랐지만 '언젠가' 해 보고 싶었던 외국생활을 위해 모든 것을 내려놓고 필리핀, 호주, 뉴질랜드로 훌쩍 떠났다. 그녀가 유학을 떠나기 전에는 '3인칭 단수'도 모르는 중학교 영어 수준이었다.

그러나 그녀는 그것을 장애로 생각하지 않았다. '영어를 모르기 때문에 제대로 배우기 위해'라는 일념으로 두려움 없이 출발했다. 그녀는 부모에게 용돈을 타서 어학연수를 하는 생활 대신 '워킹 할리데이'를 통해 일하면서 어학을 배우는 유학생활을 선택했다.

남들보다 훨씬 떨어지는 영어 실력을 향상시키기 위해 미친 듯이 일에 몰입했다. 외국인과만 어울린다는 원칙을 세우고 외국인을 만날 수 있는 곳에서라면 닥치는 대로 일했다. 다양한 국적의 아이들과 함께하는 창고 라벨링 작업, 다양한 정보를 제공해 줘야 하는 호스텔 리셉셔니스트에서 매니저 등등, 그녀는 가리지 않고 할 수 있는 모든 일을 경험했다. 호주 현지인 가정에서 함께 생활하면서 보모와 가정부 일을 하며 주급으로 생활비를 버는 일도 마다하지 않았다. 이런 생활이 비록 몸은 고됐지만 영어 실력을 대폭 향상시켰고, 외국인 친구도 많이 사귈 수 있는 기회가 되었다.

결국 그녀의 각고의 노력이 빛을 보게 되어 패션 잡지 〈ELLE〉에서 인터뷰 요청이 들어왔다. 그리하여 2006년 6월호에 '성공한 워킹 할리데이 호주 편'에 그녀의 스토리가 실렸다.

그녀는 귀국한 후에도 자기계발을 게을리하지 않았다. 직장에서 아무리 성공가도를 달려도 끝이 있다는 사실을 잘 알았기 때문이다. 무엇보다 다람쥐 쳇바퀴 도는 생활과 같은 직장생활보다는 자신이 진정으로 하고 싶은 일을 하며 살고 싶었다. 그래서 직장생활을 하면서 종로 영어학원에서 대학생과 직장인들을 대상으로 동기부여에 관한 영어를 가르쳤다.

그녀는 '명문대학을 나오고 공무원이나 대기업에 들어가야 성공하는 것'이라는 생각에 과감히 반대표를 던진다. 그리고 드림자기계발연구소를 설립하고 꿈꾸는 사람들을 돕는 동기부여가로서 활발하게 활동하고 있다. 대부분의 청춘들은 '대학 → 유학 → 취업'이라는 수순을 밟지만, 그녀는 요즘의 청춘들과 다르게 '취업 → 유학 → 대학'이라는 거꾸로 된 삶을 살고 있다. 일종의 역발상인 셈이다.

권동희는 끊임없이 버킷리스트를 쓰기 때문에 시간이 지나면서 새로운 항목들이 계속해서 추가된다. 그녀는 30대 초반의 젊은 나이임에도 불구하고 약간은 무모하다 싶을 정도로 수많은 꿈을 지금도 종이에 적어 나가고 있다. 그녀의 버킷리스트를 보면 그녀의 꿈이 요즘 청춘들과 다르게 얼마나 큰 지 알 수 있다.

* 영어학원 차리기
* 청춘들에게 꿈과 희망을 주는 동기부여가 되기
* 내 이름으로 된 책 출간하기
* 베스트셀러 종합 50위 안에 들기
* 교보문고 광화문점에서 사인회 하기
* 강남에서 내 이름으로 된 빌딩 1층의 스타벅스 주인 되기

위의 버킷리스트 가운데 몇 가지는 이미 실현되었고, 나머지

는 현재 실현되고 있는 중이다.

경제 상황이 어려워짐에 따라 청춘들의 최고의 목표는 좋은 대학 졸업과 공무원 또는 공기업이나 대기업에 입사하는 것이다. 창업이나 1인 기업 같은 모습은 청춘들의 롤모델에서 사라지고 있다. 버킷리스트와 꿈을 얘기하거나 종이에 적고 끊임없이 되새김질하는 청춘도 드물다. 청춘들이 오로지 안정적인 직장만을 목표로 하는 사회 분위기가 정착한 지 이미 오래다.

《멈추지마 다시 꿈부터 써봐》의 저자 김수영은 중학교 시절 소위 문제아였다. 그러나 〈도전 골든벨〉에서 실업고 출신으로는 처음으로 골든벨을 울리고 이후 골드만삭스, 로열더치쉘 등 세계적인 기업에 입사한다. 그녀의 강연에 청춘들은 열광한다. 이는 청춘들이 그만큼 진취적인 삶을 살 기회가 적다는 것을 의미하기도 한다. 또한 꿈을 따라 끝없이 모험하고 즐기고 사랑하는 생활을 하지 못하는 것에 대한 동경이기도 하다.

요즘은 청춘 못지않게 중년도 힘들다. "아프니까 청춘이다!"라고 말을 하는 청춘에 대하여 중년은 "아파할 수도 없는 중년이다!"라는 말로 응수한다. 그만큼 저성장의 시대에 들어서면서 모든 세대가 고통을 받고 있다. 이처럼 앞이 보이지 않는 불황의 터널에서 자신을 지킬 수 있는 무기는 바로 꿈과 버킷리스트다.

직장인에서 동기부여가이자 자기계발 작가로 우뚝 선 권동희 양도 이루고자 하는 것들을 종이에 적을 것을 주문한다.

"이루고 싶은 확고한 꿈과 목표가 있다면 반드시 종이에 적

어야 합니다. 종이에 적고 이를 생생하게 꿈꾸는 것과 그저 머릿속에 담아두고 가끔 떠올려 보는 것에는 엄청난 차이가 있습니다."

누군가로부터 어떤 점을 배우고자 한다면 나이의 많고 적음이나 지위의 고하는 중요하지 않다. 진정으로 배워야 하는 것은 꿈과 열정 그리고 패기다. 아파할 수도 없다면서 자포자기의 심정으로 생을 살기에 중년은 긴 인생길에서 너무나도 젊은 시기다. 방황을 할 시기가 아니라 오히려 진정한 꿈을 꿀 시기다.

중년이라면 한 번쯤 질주를 멈추고 자신이 어디에 서 있는지 주위를 돌아볼 필요가 있다. 앞을 바라보며 나아가는 것도 중요하지만 가끔 아래를 내려다볼 필요도 있다. 아래를 바라보면 열정으로 자신의 인생을 만들어 가는 청춘들을 발견하게 된다. 그들을 보는 것만으로도 도전 의식이 살아나고 동기부여가 된다.

마흔이라는 인생의 전환점에서 자신의 인생의 엔진을 가동시켜 줄 버킷리스트를 적어 보자. 눈에 보이지 않는 것들을 시각화함으로써 꿈과 목표가 명확해질 것이다. 목표가 명확해지면 인생 제2막을 위한 실행력을 갖추게 된다. 만약 보다 큰 성공을 원한다면 선택받는 삶이 아닌 선택하는 삶을 향해 과감히 나아가라!

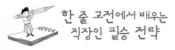
한 줄 고전에서 배우는
직장인 필승 전략

獨視者謂明, 獨聽者謂聰, 能獨斷者, 故可以爲天下王.

독 시 자 위 명, 독 청 자 위 총, 능 독 단 자, 고 가 이 위 천 하 왕.

- 《한비자》 '외저설 우상' 편 -

◆　　◆　　◆

독자적으로 사물을 분별할 수 있으면 영명하다고 하고,

독자적으로 소리를 판별하면 귀가 밝다고 한다.

독자적으로 결정을 내릴 수 있는 사람은 천하의 왕이 될 수 있다.

내 인생에 은퇴란 없다
서상록

"좀 더 젊었으면, 새로 태어난다면…… 이런 말은 하지 마세요. 이제 시작해도 늦지 않습니다."

사실 나이가 들어서 새로운 일을 시작한다는 것은 결코 쉬운 일이 아니다. 그 새로운 일이 예전의 일보다 하찮게 보인다면 더더욱 그렇다. 직업에는 귀천이 없다지만, 그것은 억지로 스스로를 위로하는 말일 뿐이다.

사람들 사이에 선호하는 직업과 기피하는 직업은 엄연히 존재한다. 과거에 남들이 선망하는 직업에 종사했다면, 그 일보다 격이 떨어진다고 생각되는 일을 시작하는 것은 대단한 용기 없이는 불가능하다.

그런데 그런 대단한 용기를 지닌 사람이 있다. 대기업 부회장이라는 남들이 우러러보는 직위에 있다가 호텔 웨이터로 변신한 서상록 씨가 바로 그 주인공이다.

서상록 씨는 1937년생이다. 칠순은 오래 전에 지났고, 조금 있으면 팔순을 바라보는 나이다. 그 시대 사람들이 다 그러했듯이 그도 어려운 환경에서 자랐다. 가정형편상 정규 중·고등학교도 다니지 못했지만 명문대에 입학하는 '형설지공(螢雪之功)'의 모습을 보여 주었다. 졸업 후 미국에서 부동산 회사를 세우는 등 경영의 수완을 보이자 삼미그룹 부회장으로 발탁되는 행운을 거머쥐게 된다. 하지만 이후 삼미그룹이 IMF 파고를 넘지 못하고 부도가 나자 경영자로서 책임감을 느끼고 사표를 내야 했다.

여기까지 그의 삶은 사회에서 성공한 다른 사람들과 별반 다르지 않은 스토리다. 인생 역정에 대한 스토리의 차별성은 보이지 않는다. 그런데 이렇게 성공한 사람들에게 나타나는 공통점이 한 가지 있다. 성공한 사람들의 강한 자존심은 역으로 자신의 앞길을 가로막는 장애물이 되기도 한다. 성공한 사람들은 주위의 시선을 지나치게 의식하기 때문에 일반인들과 달리 장애물을 쉽게 뛰어넘지 못하는 경우가 많다.

과거에 높은 자리까지 승진한 사람일수록 그 자리에서 물러나면 '내가 옛날에는 말이지'로 시작해 신세한탄을 한다. 과거의 영화에 얽매여 인생 제2막에 대한 선택의 폭을 스스로 좁히기도 한다. 그 결과 자신을 고립무원의 상태에 가두고 상황은 악화되기만 한다.

그러나 서상록 씨는 전혀 달랐다. 그는 과거의 영광을 뒤로 한 채 낮은 곳에서 새로운 일을 시작했다. 그리고 그 경험을 바탕으로 또래의 노년들에게 '다시 시작해도 늦지 않다'라는 위로의 말을 전하면서 70세 청춘시대의 막을 열었다. 그 후 한국외국어대학교 대학원 부총장을 지내면서 현재는 (주)서상록닷컴 대표이사를 지내고 있다. 그는 인생의 정점에서 내려온 후 낮은 곳에서 재기를 모색하여 다시 올라간 사람이다.

그는 쓸데없는 자존심이 행복을 앗아가는 것을 허락하지 않았다. 그는 일할 수 있는 것 자체에 행복의 가치를 두었다. 남들이 자존심을 내세우며 어떤 일을 꺼리는 것을 비웃기라도 하듯 그는 당당하게 웨이터 일을 시작했다. 그의 독특한 생의 이력은 결국 화젯거리가 되었다. 이것이 사람들의 입소문을 타면서 방송 출연도 하고, CF 촬영으로도 이어졌다. 그만의 독특한 방법으로 퍼스널 브랜드를 창조한 것이다.

그는 '나이는 숫자에 불과하다', '직업에는 귀천이 없다'처럼 말은 쉽지만 실천이 어려운 일을 몸소 행동으로 보여 준 사람이다. 또한 자신의 굴곡진 인생 역정을 바탕으로 '무엇이 행복한 삶인지'에 대해 사람들에게 알려 주고 있다.

2010년 한국인의 평균 수명은 79.6세였고, 이것은 앞으로 조금씩 늘어나서 2050년에는 88세에 이를 것이라는 통계청 추계가 있다. 하지만 이 수치는 현실을 100퍼센트 반영하지 못하는 부분이 있다. 왜냐하면 어렸을 때 죽거나 젊은 나이에 불의의 사고로 죽은 사람들이 평균 수명을 깎아먹기 때문이다. 만일 60세 이상을 대상으로 평균 수명을 측정하면 실제 평균 수명은 위의 통계치를 훌쩍 뛰어넘을 것이다. 그래서 이제는 평균 수명 100세 시대라는 말이 나오고 있다.

은퇴 이후 먹고사는 것을 고민해야 하는 현대의 직장인들은 서상록 씨처럼 '어떤 일이든 할 수 있다'는 의지와 '일을 하는 것이 행복하다'라는 마음가짐을 가져야 한다. 실제 서상록 씨는 그의 저서 《내 인생에 은퇴란 없다》에서 70 평생 중 가장 행복했던 시간이 51개월간의 웨이터 생활이었다고 언급했다.

"지금 생각하면 웨이터로 생활한 51개월이 내 인생에서 가장 행복한 시절이었던 것 같다. 세상 이목이나 주변 사람들의 시선은 무시하고 고개 숙여 시키는 대로 일만 하면 내게는 별 책임도 없었다. 처음 10개월 정도는 고생스러웠으나, 이왕 시작했으니 최고의 웨이터가 되어야겠다고 마음먹자, 이후에는 별로 힘든 줄도 몰랐다. 평균 연령이 26.7세인 젊은 선배들과 같이 일하고 놀다 보니 나도 모르게 육체 연령은 30대로, 정신 연령은 20대로 되돌아왔다. 그 젊고 생생한 20대 선배들과 소주도 같이 하고 노래방에 가서 밤새도록 춤추고 노래해도, 각자 비용을 나눠 많아야 만원이면 족했다. 남이야 뭐라 하든 살맛이 절로 났다. '이 세상 어느 누가 나만큼 행복하겠는가'라는 생각이 문득문득 날 때가 한두 번이 아니었다. 정말 세상은 살 만하다는 생각이 들었다."

　그의 말대로 행복은 내가 어떤 일을 하느냐에 좌우되지 않는지도 모른다. 혜민 스님이나 법륜 스님, 이해인 수녀님 등 종교인이 저술한 책을 읽어 봐도 비슷한 이야기가 많이 나온다. 내가 진정으로 원하는 일을 즐겁게 하는 것이 최고지만, 그것이 현실적으로 어려울 경우에는 '남이야 뭐라 하든 간에 내가 하고 있는 이 일이 제일 행복한 일이다'라는 마음가짐이 중요하다. 그래야만 인생 제2막도 냉철하게 준비할 수 있다. 현실이 괴롭다고 즉흥적으로 직장을 박차고 나오는 사람에게는 화려하기는커녕 소박한 미래도 보장되지 않는다.

　직장인들은 입사와 동시에 세상이 만만하지 않음을 알게 된다. 하지만 10년 차 이상이 되면 세상이 두려워지기 시작하면서 패기 또한 사라진다. 인생을 더 이상 개척할 힘을 잃게 되는 것이다. 그래서 경기가 나빠지면 자리보전에 온 힘을 쏟는다. 다른 분야로 시야를 돌리지 못하고 앞으로 어떻게 살아야겠다는 생각만 하게 된다. 위로 올라갈 일보다는 아래로 내려갈 일이 더 많다고 느끼는 시점에 항상 높은 자리에 올라간 사람을 쳐다보면 자기 자신만 불행해질 뿐이다.

　나이에 상관없이, 그리고 직업의 귀천에 상관없이 어디서든 행복을 느끼며 스스로를 청년으로 부르는 서상록 씨의 삶을 거울로 삼을 필요가 있다. "오르지 않는 건 월급과 내 집의 평수"

라고 자조하기보다는 바닥에서 다시 시작할 수 있다는 용기부터 가져 보자! 절망은 상황을 더 악화시킬 뿐이다.

서상록 씨가 웨이터 일을 하면서 20대 젊은이를 선배로 모신 것처럼 우리는 회사에서 일이 안 풀리더라도 치고 올라오는 후배를 직장 상사로 모실 각오를 해야 한다. 최근 스포츠 세계에서는 전성기가 지나 연봉이 깎인 노장 선수들이 후배 백업을 마다하지 않고 출전하는 경우가 있다. 이 책 제1장에서 언급한 '직장에서 위기 신호'가 오더라도 후배 백업을 하면서 인생 제2막에서 권토중래를 노리는 것도 기나긴 인생을 멋지게 사는 방법 중의 하나다.

어떤 일을 하든 늦은 나이는 없다. 운전면허를 959전 960기 만에 취득한 차사순 할머니, 81세에 요양병원에서 처음 붓을 잡은 후 101세에 세상을 떠나기까지 22회의 개인전을 열어 '미국의 샤갈'로 칭송받은 해리 리버만, 52세에 맥도날드를 창업한 레이 크록 등 늦은 나이에 인생 제2막을 연 사람은 수없이 많다.

나이는 숫자일 뿐이지만, 나이를 단순 숫자로 만드는 것은 주위 환경이 아니라 바로 자신의 내면이다. 세월이 사람을 늙게 하는 것이 아니라 생각이 사람을 늙게 한다. 사람은 물고기처럼 펄떡이는 꿈과 열정, 희망이 있으면 언제나 청춘이다.

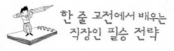
한 줄 고전에서 배우는
직장인 필승 전략

子曰, 三軍, 可奪帥也, 匹夫, 不可奪志也.
자 왈, 삼 군, 가 탈 수 야, 필 부, 불 가 탈 지 야.

-《논어》'자한' 편 -

◆　　◆　　◆

공자가 말했다.
"대군의 장수는 빼앗을 수 있어도 필부의 뜻은 꺾을 수 없다."

심리학이 청춘에게 묻다
커리어코치 정철상

'사람들이 날 외면한다 해도 나만은 나를 버려서는 안 된다.'

이 한마디 말로 방황하는 청춘, 아파할 수도 없는 중년들의 자존감을 높여주는 사람이 있다. 서른 번 직업을 바꾼 남자, 국내 최고의 커리어 컨설팅 전문가, 인재개발 연구소 대표, 현 '커리어코치협회' 부회장 등 다양한 이력을 보유하고 있는 정철상 교수가 바로 그 사람이다.

정철상의 삶은 평탄하지 않았다. 어릴 때는 지독한 가난을 경험했다. 집이 없어서 한때 버려진 버스에서 온 가족이 숙식을 한 적도 있었다. 대학에 입학한 후에는 가난 때문에 낮에는 봉제공장에서 일하고 야간에 대학을 다닐 수밖에 없었다. 대학 졸업 후 가까스로 지방 방송국에 취직했으나, IMF의 풍파를 이겨

내지 못하고 해고를 당한 적도 있다.

　이후 우편물 분류, 전단지 배포, 개인 교사, 가내 수공업 아트 디자이너, 영상 번역가, 영어 강사, 영업직, 엔지니어, 도서판매원, 다단계 판매원, 무역 영업, 칼럼니스트, 상담가 등 30여 가지 직업을 경험한 후 대학교수가 되었다. 오늘날처럼 이직이 보편화되었다 해도 30여 가지 직업을 경험하기는 절대로 쉬운 일이 아니다. 하지만 그는 타의 추종을 불허할 만큼 많은 직업을 거치면서 누구도 따라올 수 없는 경험을 축적했다.

　그가 장돌뱅이 같은 삶을 살 때 그를 아끼는 사람들은 옆에서 그만 한 곳에 정착하라고 진심 어린 충고를 했다. 하지만 그가 겪은 다양한 경험은 결국 그가 커리어 코치를 역임할 수 있는 원동력이 되었다. 또한 남녀노소를 불문하고 다양한 연령의 사람들과 소통할 수 있는 수단이 되었다.

　흔히 이직을 자주 하는 사람들에게는 '철새'라는 호칭을 붙인다. '참을성이 없다. 사람이 진득함이 없다. 신뢰를 할 수 없다' 등의 부정적인 표현을 한다. 그러나 그는 이런 부정적인 시각을 역발상을 통해 긍정적인 것으로 승화시켰다. 그가 진로 전문가가 된 것은 전적으로 그만의 노력과 긍정적인 마인드로 자기 암시를 한 결과다.

　한때 그는 주식투자에 올인한 적도 있었다. 그가 무역회사에 다니던 시절이었다. 다니던 무역회사가 벤처기업에 잘못 투자하여 큰 손실을 보자 추가 투자를 포기하게 되고 이에 따라 회사 내에서 그의 업무 비중이 작아지게 된 것이다. 그의 의지와 다르게 회사 내에서 시간이 많이 남게 된 그는 주식에 눈을 돌렸다. 처음에는 20퍼센트가 넘는 수익률을 올리기도 했다. 높은 수익률로 주식에 재미를 붙인 그는 차츰 투자금을 올려 주식에 투자하고 나중에는 대출까지 받아 주식에 투자했다. 그러나 차와 집까지 날리고 말았다. 그는 여기서 큰 교훈을 깨닫게 된다.

'내가 가진 지식과 경험을 바탕으로 나 자신의 가치를 올리는 일만이 최고의 투자다. 저위험 고수익 투자인 자기계발에 올인하는 것이 중요하다.'

보통 사람들은 주식 투자로 큰 손실을 보면, 세상을 원망하면서 술로 시간을 보낸다. 심지어는 노숙자가 되거나 극단적인 선택을 하기도 한다. 그러나 그는 여기서 얻은 교훈을 자기계발로 전환했다. 이렇게 평탄하지 않은 삶을 살아온 정철상 교수는 취업이 어려운 청춘들부터 실직의 공포에 떨고 있는 중년들에게 희망의 아이콘으로 떠올랐다. 인생의 오르막과 내리막을 수없이 경험하며 겪은 절망의 순간순간을 아름다운 도전으로 멋지게 승화시킨 그는 자신의 삶을 파노라마처럼 보여 주면서 직업 문제, 이직 문제로 갈등하는 사람이나 내면의 문제로 고민하는 사람들에게 삶의 방향과 목적을 도와주는 멘토가 되었다.

'그는 직장을 옮겨 봐야 별것 없다'라는 말에 동의하지 않는다. 다만, '좋아하는 일을 한다고 해서 꿈을 이룬 것은 아님'을 강조한다. 무턱대고 하는 이직과 준비가 안 된 상태에서 꿈만

쫓는 것은 더 위험하다고 경고한다. 꿈만 쫓기보다는 차라리 현재 자신이 하고 있는 일을 부업으로 생각하고, 본업에 충실할 것을 강조한다.

다음은 그의 책 《서른 번 직업을 바꿔야만 했던 남자》에필로그에 나오는 이야기다.

대다수의 사람은 직업이라고 하면 하나의 본업(Main Job)만 생각하는 경향이 있다. 하지만 지금 시대는 여러 가지 일을 동시에 할 수 있다. 내가 좋아하는 일을 본업으로 삼지 못한다고 안타까워할 것이 아니라, 좋아하는 일을 부업(Sub Job)으로 만들면 된다. 지금은 '1인 투잡 시대'가 아니라 '1인 멀티 잡 시대'다. (중략)

당신이 어린 시절부터 꿈꿔 왔던 일이라고 하더라도 막상 그 일이 당신의 직업이 된다고 생각해 보라. 마냥 즐겁기만 할까? 사진사들 모임에서는 놀러 가도 사진기를 가지고 오지 않는다고 한다. 놀면서 사진까지 찍으면 그것도 일이 되기 때문이다.

의사가 소원이라고 외치던 내 초등학교 친구는 막상 의사가 되었는데도 날마다 지겹다고 외친다. 조그만 골방에서 매일 똑같은 일을 하는 것이 미치도록 싫다고 한다. 가수가 되고 싶은가. 가수가 된다면 좋을까. 한 곡을 수백, 수천 번 불러야 한다고 생각해 보라. 과연 즐거울까?

그렇다고 그가 꿈을 실현하려는 노력을 평가절하하는 것은

아니다. 다만 꿈만 좇으면서 현재 일을 소홀히 하는 우를 범하지 않도록 충고하는 것이다.

현재의 직장이나 직업에 만족하지 못하는 사람은 무수히 많다. 정철상 교수는 이런 사람들에게 "세상에 좌충우돌하며 새로운 일에 도전하고 경험을 쌓아라. 실패하더라도 그 경험의 가치는 빛날 것이기에 도전하는 것을 두려워하지 말라"고 충고한다.

풍요로운 인생 제2막을 꿈꾸는 사람은 이 이야기를 새겨들을 필요가 있다고 생각한다. 직장인이 인생 제2막을 준비하는 것도 어찌 보면 세상에 좌충우돌하는 일이다. 시행착오도 피할 수 없다. 좋은 결과가 나오지 않을 수도 있다는 각오도 해야 한다. 그러나 일어설 수 있는 용기와 도전정신만 있다면 실패했다고 느껴지는 지금 이 순간도 훗날을 위한 좋은 경험으로 승화시킬 수 있다.

중요한 것은 내가 어떤 사람인지, 무엇을 힘들어하는지, 무엇을 잘하는지 앞으로 또 무엇을 해낼 수 있는 사람인지 인생 제1막에서 충분히 파악해 놓아야 한다. 그리고 인생 제1막의 경험을 남에게 이야기로 들려줄 수 있어야 한다.

힘든 시기를 겪지 않는 사람은 없다. 죽고 싶을 정도로 좌절하고 상처에 아파하는 경우도 있다. 중요한 사실은 '좌절과 상처를 안고 주저앉느냐, 아니면 이것을 딛고 일어나느냐'에 따라서 이후의 인생은 180도 달라진다는 점이다. 아무리 힘든 시련도 시간이 지나가면 해결되기 마련이다.《공병호의 인생강독》

에도 '이 모든 것들은 다 지나가리니'라는 문구가 나온다.

서른 번이나 직업을 바꿔야 했던 정철상 교수. 해고도 수없이 많이 당했던 그는 자신이 겪은 좌절과 상처를 책으로 펴냈다. 자신만의 아픈 경험을 멋진 미래의 일거리로 창출한 것이다.

인생 제2막은 시도하는 사람에게만 주어지는 선물이다. 당신이 비록 인생 제1막에서 힘든 시기를 겪고 있더라도 그것을 '자신만의 아름다운 이야기로 재창출하느냐, 아니면 역사의 뒤안길로 사라지게 하느냐'는 당신 자신의 선택에 달려 있다.

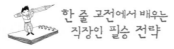
한 줄 고전에서 배우는
직장인 필승 전략

子曰, 譬如爲山, 未成一簣, 止吾止也,
자 왈. 비 여 위 산. 미 성 일 궤. 지 오 지 야.

譬如平地, 雖覆一簣, 進吾往也.
비 여 평 지. 수 복 일 궤. 진 오 왕 야.

- 《논어》 '자한' 편 -

◆　　◆　　◆

공자가 말했다.
"산을 만드는 것에 비유하자면, 마지막 흙 한 삼태기를 채우지 못해
산을 못 이루고 그만두는 것도 내가 중지하는 것이며,
땅을 고르게 다지는 데 비유하자면 비록 한 삼태기를 부었더라도
일에 진척이 있었다면 내가 그리 한 것이다."

지금 당장 실행해야 할 8가지

꿈, 비전선언문 쓰기

나는 죽었다. 나는 나무 관 안에 누워 있다. 누런 삼베로 만든 수의를 입고 손과 발은 꽁꽁 묶여 있다. 빛 한 줄기 들어오지 않는 곳에서 움직일 수 없고, 무릎을 굽힐 수도 없고, 심지어 옆으로 돌아누울 수도 없다.

얼마나 시간이 흘렀을까? 이때 어디선가 사람의 목소리가 들린다.

"다시 태어난다면 어떻게 살고 싶습니까?"

"이제까지 가장 후회되는 일은 무엇이었습니까?"

이것은 입관체험 때 하는 행사의 내용이다. 0.35평밖에 안 되는 좁은 공간에서 잠시나마 세상의 시름을 잊고 완전히 나에 대해 몰입하는 것이다. 이 행사의 목적은 남을 미워하지 말고, 좀 더 가치 있는 삶을 살기 위해 노력하고, 지나친 경쟁의식에 찌든 자신을 반추하면서 삶의 여유를 찾는 데 있다.

만약 당신이 이 체험행사에 참여한다면 누군가 아래와 같은 질문을 했을 때 뭐라고 대답하겠는가?

"다시 태어난다면 어떤 꿈을 갖고 무슨 일을 하고 싶습니까?"

이 질문에 자신의 꿈과 자신이 진정으로 하고 싶은 일이 무엇이었는지 아무 생각이 나지 않는 사람도 있을 것이다. 반면 '아 맞아! 나는 어릴 때 정말로 이 일을 하고 싶었는데, 어쩌다 보니 현재 여기까지 와 있는 거야'라고 정신이 번쩍 드는 사람도 있을 것이다.

꿈을 다시 발견한 사람은 가슴이 쿵쿵 뛰면서 '그래 지금이라도 내가 원하는 일을 하자'라고 결심하게 된다. 그러나 다음 날 만원 지하철을 타고 무거운 발길을 회사로 돌리면 다시금 현실의 벽을 느낀다. 전날의 입관 체험 때와는 다르게 정말 하고 싶은 일을 도저히 할 수가 없을 듯한 좌절감이 밀려온다. '내가 20대 청년이라면 전공을 바꾸고 새로운 공부를 할 수 있겠지만, 처자식이 엄연히 있는 상태에서 지금 밥벌이를 하고 있는 직장을 그만두고 새로운 일을 어떻게 할 수 있겠어'라는 생각이 앞선다. 결국 위험한 상황으로 뛰어들고 싶은 마음은 싹 사라져 버린다.

그러나 이러한 위험을 무릅쓰고 현재 자기 자신이 원하는 삶을 사는 사람들도 있다. 이중에는 젊은 사람도 있고 퇴직해서 나이가 지긋한 분들도 있다. 이들의 특징을 잘 분석해 보면 한 가지 공통점을 발견할 수 있다. 그것은 어릴 때 자기가 하고 싶었던 일을 퇴직 후에 하고 있다는 점이다.

젊은 시절에는 정말 하고 싶은 일이 있더라도 현실의 벽에 부닥쳐 포기하는 경우가 종종 있다. 그 밖에도 주변 상황에 밀려 어쩔 수 없이 직업을 선택하는 경우도 많다. 이렇게 자신이 추구하는 삶의 목표보다 현실과 주변 사람들의 평판 등을 신경 쓰고 살다 보면 자신이 당초 무엇을 원했는지조차 까맣게 잊고 산다.

그리고 회사형 인간으로 열심히 살아서 남들로부터 인정받는 삶을 살거나, 아니면 그저 그렇게 크리스마스트리를 빛내는 하나의 작은 전구로 만족하면서 의미 없는 시간을 보내기도 한다. 그러다가 세월이 지나면 자신도 모르는 사이 퇴직이란 시간이 다가온다.

이런 시간이 다가오기 전에 가슴에 손을 얹고 어릴 때 좋아했던 것이 무엇이었는지 잘 생각해 봐야 한다. 아이를 키우는 부모라면 내 아이들이 지금 좋아하거나 예전에 좋아했던 일이 무엇인지를 곰곰이 떠올려 보자.

우리가 어렸을 때 흥미를 갖고 좋아했던 일들은 대부분 돈벌이가 시원치 않거나 돈을 벌기가 굉장히 어려운 분야가 많았다. 예를 들면 문학이나 순수 과학, 예술, 스포츠와 관련된 일 등이 그렇다. 어린아이가 "나는 어른이 되어서 문학을 할 거야"라고 말하면 부모님은 난색을 표하면서 말렸다.

　당시 부모님의 말씀이 무조건 틀린 것은 아니다. 어린 시절에는 하고 싶은 일만 있었지 그 일을 어떻게 하면 돈을 벌 수 있는지, 시장의 규모가 얼마인지 등에 대해서는 아예 알지도 못하고 생각지도 못한다. 즉, 어린 나이에는 경영에 대한 개념이 전혀 없다. 그래서 아주 어린 유치원생이나 초등학교 어린이들은 "나는 나중에 커서 경제학자가 될 거야. 나는 커서 기업의 경영인이 될 거야"라고 말하지 않는다.

　그러다 차차 나이가 들어 청소년이 되면 현실에 눈을 뜨고 대학에 진학할 때쯤이면 이미 어린 시절 좋아하던 일은 잊어버리고 돈 버는 것과 관련된 공부를 자연스럽게 하게 된다.

　하지만 돈 버는 방법은 오히려 대학 시절의 강의보다 사회가 가르쳐 준다. 대학교에서 가르쳐 준 것은 이론에 불과하고, 강의 분야도 한정적이지만, 기업에서 일하면 많든 적든 간에 월급을 받으면서 돈 버는 방법을 몸소 체험하게 된다. 마케팅 전략은 어떤 것이고, 구매와 판매, 자금, 회계, 세무, 채권, 인사관리, 협상, 대인 관계 등을 직장에서 수많은 시행착오를 겪으면서 배운다.

　그 과정에서 호랑이 같은 상사의 질책과 갑(甲) 거래처의 횡포에 벌벌 떨기도 하고, 여우 같은 부하 직원이나 을(乙) 거래처의 번지르르한 말솜씨에 속아 넘어가기도 한다. 그러면서 리더십과 대화의 기술, 남들에게 사기를 당하지 않는 법도 자연스럽게 배울 수 있다. 이처럼 출근하기 싫은 직장에서도 배울 점은 분명히 있다. 이는 우리가 인생 제2막에서 꿈을 이룰 수 있는 고귀한 원천이 된다. 잘 살펴보면 인생 제2막을 멋지게 사는 사람들 중 상당수는 인생 제1막의 소중한 경험을 바탕으로 인생 제2막을 이룬 사람이 많다는 사실을 알 수 있다.

제2막만큼은 제1막과는 달리 '제대로' 살고 싶다면, 제2막에 성공한 사람들을 벤치마킹해야 한다. 그들의 경험과 지혜를 십분 활용하고 자신의 것으로 만들어 실수를 줄이고 효율을 높여야 한다. 그래야 성공 확률을 높일 수 있다.

직장인의 멘토로서 얼마 전에 타계한 구본형 대표는 그의 저서 《익숙한 것과의 결별》에서 다음과 같이 말했다.

"진정한 실업은 청춘을 바친 직장에서 쫓겨나는 것이 아니다. 자신을 위하여 하고 싶고, 할 수 있는 일을 찾지 못하는 것이다. 당신은 평범한 사람인지도 모른다. 그러나 모든 위대한 사람들 역시 모두 평범한 사람에 지나지 않았던 시절을 가지고 있었다는 사실을 기억하라."

위의 글귀처럼 정말로 원하는 일을 찾지 못하면, 영원한 실업 상태에서 벗어날 수 없다. 그러므로 우리가 살아 있음을 느끼려면 항상 진정으로 원하는 일을 찾고 꿈을 찾는 노력을 지속해야 한다. 다만 꿈만으로는 비전을 달성하기에 무엇인가 부족하다.

어린 시절의 꿈과 직장에서의 경험을 잘 활용한다면 비전을 새롭게 수립할 수 있다. 즉, '꿈+경영 노하우(내 직장생활의 고통의 산물)'가 있어야만 자신만의 진정한 비전의 토대를 세울 수 있다. 경영 노하우가 너무 거창한 단어라면, 단순히 돈 버는 방법 또는 기술로 해석해도 좋다.

만약 인생 제1막에서 하고 싶은 일을 하지 못했다면 제2막에서만큼은 자신의 진정한 꿈을 위해 살아 보자. 그러기 위해선 젊은 시절에 꼭 하고 싶었지만 이루지 못한 꿈, 혹은 미처 끝내지 못한 일이 무엇인지 생각해 보자. 그 꿈과 일에서 무엇을 이루고자 하는지 종이에 적어 보자. 비전 선언문을 적어서 서재나 책상 앞에 붙여 놓거나 지갑이나 가방 속에 넣고 다니면서 끊임없이 자신의 비전을 실현한 모습을 머릿속에 그려 보자. 이러한 행동을 통해 우주의 보이지 않는 에너지들이 우리에게 다양한 기회를 끌어다 줄 것이다.

지금 얼마만큼 생각하고 준비하느냐에 따라 미래는 얼마든지 달라질 수 있다. 제2의 인생은 무한한 가능성으로 충만한 시간이다. 퇴직 이후의 인생을 다시 한 번 주어진 기회로 삼는다면 인생 제2막은 재앙이 아닌 최고의 축제가 될 것이다.

한 줄 고전에서 배우는
직장인 필승 전략

子曰, 溫故而知新, 可以爲師矣.

자 왈, 온 고 이 지 신, 가 이 위 사 의.

- 《논어》 '자한' 편 -

◆　◆　◆

공자가 말했다.

"옛것을 익혀 새로운 것을 알면, 그것으로 다른 사람의 스승이 될 수 있다."

인생 제2막 콘셉트 정하기

'새 술은 새 부대에 담아야 한다.'

'장강의 뒷물결이 앞물결을 밀어낸다.'

위는 《성경》 말씀이고 아래는 중국의 속담이다. 이 두 글귀는 조직 내에서 세대교체가 필요할 때 사람들이 많이 인용하는 문구다. 세월 앞에 장사 없고, 세대교체라는 국민의 열망 앞에 버텨낼 정치가는 없다. 마찬가지로 직장인 누구나 직장 내에서의 세대교체 바람 앞에서는 버티기가 어렵다. 생(生)이 있으면 사(死)가 있듯이, 입사가 있으면 퇴사는 피할 수 없는 것이다.

사람들은 위의 문장에서 나오는 술이나 물결을 자기 자신 또는 주변 사람에 비유함으로써 우리 자신을 세대교체의 대상으로 본다. 나는 그런 해석이 우리 자신을 피동적인 대상으로 격하하는 듯싶어 왠지 씁쓸하다.

나는 이렇게 유명한 문구를 능동적으로 해석하고 싶다. '인생 제2막의 지평을 여는 일을 새 술을 새 부대에 담는다'와 '인생 제2막의 물결이 인생 제1막의 물결을 밀어낸다'고 생각하는 것이다. 그리하여 우리는 자신의 밥벌이 수단과 밥벌이 방법에 대한 세대교체를 해야 한다. 그러면 설령 예기치 못한 순간에 직장을 나가야 하는 일이 생기더라도 의연하게 처신할 수 있다. 또한 퇴직 후 삶을 능동적으로 가꾸면서 우울증을 예방할 수 있다.

이렇듯 인생 제2막의 멋진 삶을 위해선 우선 마음가짐을 능동적으로 전환하는 것이 전제되어야 한다. 그다음은 어떤 일을 할 것인가, 즉 인생 제2막의 콘셉트를 정해야 한다. 인생 제2막의 콘셉트를 정하기 위해서는 체면을 버리고, 남의 시선을 의식하지 않아야 한다. 그래야만 자신이 진정으로 원하는 것이 무엇인지를 찾아낼 수 있다.

예전에 SK텔레콤의 '생각대로 T' 광고에 이런 문구가 있었다.

'26살 대기업에 못 가면 지는 걸까? 34살 외제차를 못타면 지는 걸까? 왜 남의 생각, 남의 기준대로 살까? 생각대로 해, 그게 답이야.'

정말 명언 중의 명언이다. 하지만 대부분이 인생 제1막은 그렇게 살지 못하는 것이 현실이다. 대다수는 위의 광고 문구에 전적으로 공감하면서도 공무원이나 자격증, 아니면 대기업에 들어가기 위해 머리를 싸매고 공부했다. 직급이 오르면 소형차에서 중형차로 바꾸고, 집 평수를 늘리면서 늘 남의 시선, 부모님의 기대를 의식하고 살았다.

그러나 인생 제1막과는 달리 진정으로 행복한 제2막을 바란다면, 남을 의식하는 패러다임에서 벗어나야 한다. 실제로 인생 제2막을 멋지게 사는 사람들은 대부분 타인의 시선을 의식하지 않는다. 자신이 주인공이 되는 주도적인 인생을 살기 때문이다.

이 책 제3장에서 소개한 서상록 씨는 대기업에서 부회장까지 역임한 몸으로, 만약 그가 다른 사람들의 시선을 의식했다면 자회사 임원이나 동종 산업 관련 협회 임원 등 사회적 명성을 계속 유지할 수 있는 직업 이외의 일은 하기 힘들었을 것이다. 그러나 그는 모든 것을 버리고 웨이터 일을 마다하지 않았다.

그는 보통 사람들의 고정관념을 과감히 깨뜨렸다. 그랬기에 더없이 행복한 인생 제2막을 즐길 수 있는 것이다.

물론 우리가 그처럼 파격적인 인생 제2막을 사는 것은 쉽지 않다. 그렇지만 적어도 그에게 '남의 눈치 안보기', '남의 시선 의식하지 않기'라는 자세는 분명히 배워야 할 점이다. 인생 제1막에서 누렸던 사회적 지위와 체면을 버리면 오히려 더 쉽게 인생 제2막의 콘셉트가 보이게 마련이다.

한국의 인텔리들이 미국에 이민 가서 성공한 직업 중의 하나로 세탁소 사장이 있다. 한국에서는 괜찮은 대학을 나왔거나, 좋은 직장을 다니다가 퇴직한 후 세탁소 사장으로 성공했다는 이야기를 듣기는 거의 불가능하다. 우리나라 사회 구조 속에선 소설 속에서나 나올 법한 이야기이기 때문이다. 그 이유는 체면 때문에 한국에서 세탁소를 운영하기가 쉽지 않기 때문이다.

그러나 미국으로 이민을 가면 체면이 필요 없다. 미국인들은 그 사람의 과거에 관심이 없기 때문에 어느 대학을 나왔는지, 어느 직장을 다녔는지는 전혀 상관하지 않는다. 단지 그는 한국에서 이민 온 사람일 뿐이다. 한국에서 실패한 인생을 살았다고 하더라도 과거의 모든 이력을 지우고, 미국 사회에서 자신에게 맞는 콘셉트로 인생 제2막을 시작할 수 있다.

우리는 히딩크가 월드컵에서 성공할 수 있었던 이유로 학벌 타파를 꼽는다. 마찬가지로 자신의 학력과 인생 제1막의 화려한 이력에서 벗어날 수 있어야 한다. 지난 과거에 대한 미련에서 벗어나야 비로소 자신을 위한 인생 제2막의 콘셉트가 떠오르게 된다.

인생에서 오르막길이 있으면 내리막길도 있다는 여유로운 마음을 가져 보자. 다시 오르막길을 올라가기 위해서는 과거의 이력은 중요하지 않을 수 있다.

그렇다면 인생 제1막에서의 화려했던 과거를 잊고 인생 제2막의 콘셉트를 찾으려면 어떻게 해야 할까? 여러 가지 방법이 있겠지만 크게 세 가지 방향으로 요약할 수 있다.

첫째, 새로운 분야에서의 창업.

둘째, 전 직장 경험을 살려 유사업종에 취업, 새로운 업종 관련 교육을 받은 뒤 새직장에 취업.

셋째, 완전히 은퇴, 남을 돕는 봉사활동에서 인생의 의미를 찾음.

물론 위의 방법은 빙산의 일각에 불과하다. 그 밖에도 수십 가지의 방법이 있고, 해답을 찾기 위해 직업상담사들은 MBTI(성격유형검사) 등 어려운 심리학 이론을 동원하기도 한다. 나는 그런 심리학 전문 이론은 잘 알지 못하지만, 전문가의 상담을 받으면 인생 제2막을 좀 더 쉽게 찾을 수 있을 것이다. 또는 인생 제2막 준비와 관련된 책에서 아이디어를 얻는 방법도 있다.

만일 상담을 받는 것이 시간상 여의치 않거나, 독서를 그다지 즐겨하지 않는 사람이라면 생각을 단순화시켜 보자. 어릴 때 좋아했던 일을 나열하고, 직장을 다니면서 즐겨했던 일들도 함께 나열해 보자. 그리고 그 안의 교집합을 찾아보는 것이다. 설령 교집합이 나오지 않더라도 교집합을 만들 수 있는 방안을 찾아 보자.

더 늦기 전에, 더 잃기 전에 인생 제2막의 콘셉트를 정할 필요가 있다. 인생 제2막의 콘셉트는 결국 자기 자신을 찾는 것에서 시작한다. "너 자신을 알라!" 이 말은 그리스의 철학자 소크라테스의 명언으로 알려져 있다. 하지만 우리가 알고 있는 사실과 다르게 그 이전부터 있었던 글이다. 소크라테스가 석공 시절 작업했던 신전에 새겨져 있던 오래된 글귀이기도 하다. 그만큼 예나 지금이나 나 자신을 찾는 일은 그 어떤 일보다 중요하다.

　나 자신을 알기 위해서는 철학적 사유가 필요하다. '내가 진정으로 꿈꾸는 삶은 무엇인가?' '내 안에 숨겨져 있는 욕망은 무엇인가?' 이 문제에 대한 답을 찾아내기 위해선 아무것도 걸치지 않은 자기 자신을 정면으로 바라볼 수 있어야 한다. 그래야만 그물에 걸리지 않는 바람처럼 남들을 의식하지 않고, 오롯이 나를 위한 인생 제2막의 콘셉트를 정할 수 있다.

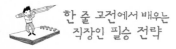

天下有始, 以爲天下母, 旣得其母, 以知其子,

천 하 유 시, 이 위 천 하 모, 기 득 기 모, 이 지 기 자,

旣知其子, 復守其母, 沒身不殆.

기 지 기 자, 복 수 기 모, 몰 신 불 태.

- 《도덕경》 '제52장' -

◆　　◆　　◆

천하에 시작이 있었으니 이를 천하의 어머니라고 한다.

어머니의 근원은 원래부터 있었다.

그를 있게 한 근원인 어미를 얻으면 이로써 그 자식인 천하를 알게 되는 것이다.

그러므로 그 나온 곳으로 되돌아가서 근원을 지키고 있으면

몸이 죽는다 하더라도 전혀 두려울 것이 없다.

저자 특강 참석하기

세상에는 다양한 유형의 삶이 있다. 그 가운데 다음의 표처럼
세 가지 유형의 삶이 있다고 가정하자.

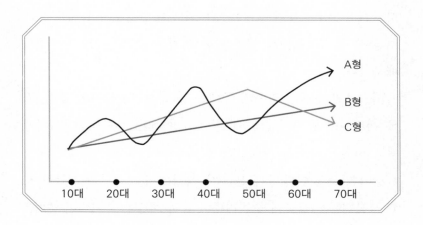

당신은 A형, B형, C형 중에서 어떤 유형의 삶을 산 사람의 이야기를 듣고 싶은가?

B형은 대박을 치지는 못했더라도 평탄하면서도 큰 실패 없이 승승장구한 사람이며, C형은 전성기를 지나 내리막길을 걷는 사람이다. 이에 반해 A형은 걸림돌을 디딤돌로 전환시키며 어떤 역경에도 굴하지 않은 삶을 산 사람이다.

A형 사람들은 주로 다음과 같다. 부상을 극복한 운동선수, 암을 극복하고 건강을 되찾은 사람, 사업에 실패했지만 재기한 사람 등이다. 이렇게 평범한 사람들이 무대나 강연장에 나와 자신과의 싸움에서 이긴 이야기를 하면 대중은 숙연해지며, 때로는 감동의 눈물을 흘리기도 한다.

닥친 시련이 클수록 그것을 이겨낸 사람의 위대함은 더욱 빛나는 법이다. 루트비히 판 베토벤(Ludwig van Beethoven)이 동시대뿐만 아니라 후세 사람들에게 찬사를 받는 분명한 이유가 있다. 그는 소리가 들리지 않는 병마와 싸우면서도 인류에게 빛과 소금이 되는 작품들을 생의 빛이 꺼지는 순간까지도 생산했기 때문이다.

자기계발에 관한 강연자 중에는 대체로 A형 사람이 많다. 비록 베토벤이 당한 수준의 시련이 아닐지라도 누구나 자신에게 닥친 시련은 극심한 것이다. A형 사람들이 저서를 냈다면 저자 특강이 있을 것이다. 이들은 저자 특강에서 자신만의 혹독한 시련 극복기를 사람들에게 들려주며 꿈과 희망을 불어넣어 준다.

자기계발 저자 특강에 참석할 때 첫 번째로 얻는 장점은 바로 시련을 이겨낸 사람들의 이야기를 직접 들음으로써 '나도 내가 지금 처한 상황을 극복할 수 있다'는 자신감을 갖는 것이다.

물론 B형 사람들도 강연자로 나온다. B형 사람들에게도 배울 점은 많다. 그들 중 상당수는 위기를 미리 예측하고 위기가 닥치기 전에 예방한 사람들이다. 위기 발생을 미리 차단했다는 점에서 위기 관리법을 배울 수 있는 좋은 기회가 된다.

둘째, 자기계발 저자들의 특강에 참석하면 다양한 업종의 사람들을 만나게 됨으로써 삶의 견문을 넓히게 되는 장점이 있다.

대부분의 직장인은 "내가 일하는 업종 이외의 다른 세상은 어떻게 돌아가는지 모르겠다"라고 볼멘소리를 한다. 그럴 수밖에 없는 이유가 있다. 회사가 할 수 있는 업무는 제한되어 있기 때문이다. 회사에는 정관에 기재된 목적사업이 있다. 그리고 회사는 정관의 목적사업 범위 내에서만 업무를 해야 한다.

만일 회사가 정관의 목적사업을 벗어난 일을 하면 최악의 경우 그 일 자체가 법적으로 무효가 되거나 취소될 수 있다. 따라서 회사에서 일하는 직장인은 자신이 속한 회사의 목적사업 이외의 세상을 경험하는 것이 쉽지 않다.

한 회사에서 장기근속을 하게 되면 지식과 경험의 편식은 어찌 보면 불가피한 일이다. 하지만 자기계발 특강에 참석하면 다양한 업종에서 일하는 사람들과의 교류가 자연스럽게 이루어지고, 이를 통해 내가 모르는 세상을 간접적으로나마 경험하게 된다. 또한 다양한 분야에서 일하는 사람들과의 네트워킹도 자연스럽게 형성되어 다양한 인맥을 구축할 수 있다.

셋째, 자기계발 저자 특강에 참석하게 되면 미래에 대한 혜안을 가질 수 있다. 사실 미래는 누구에게나 불안하다. 언제든지 퇴출당할 위험에 직면한 직장인, 오늘의 매출이 언제 고꾸라질지 모르는 자영업자, 회사의 업종이 언제 사양 산업이 될지 몰라 늘 고민하는 중소기업 사장 등 우리 사회에는 미래에 대한 고민 때문에 밤잠을 이루지 못하는 사람이 너무나 많다.

이런 불안한 미래를 극복하기 위한 청사진을 얻고 싶다면 자기계발 특강에 참석해서 명사들의 강연을 들어 보는 것이 반드시 필요하다. 물론 일부 비용과 시간이 투자된다.

하지만 자신의 미래를 위해서라면 충분히 투자할 만한 가치가 있다. 소극적인 투자자는 돈만 투자하지만 적극적인 투자자는 돈 이외에도 시간을 함께 투자한다. 자신의 미래를 위해서 현재의 시간을 아끼지 않는다면 돈만 투자한 사람에 비해 더 큰 수익률을 올릴 수 있을 것이다.

참고로 자기계발과 관련한 명강사들을 꼽는다면, 자신의 이름을 내건 '공병호경영연구소'를 운영하면서《공병호의 고전 강독》,《공병호 습관은 배신하지 않는다》등 100여 권의 저서를 출간한 공병호 소장,《관점을 디자인하라》의 저자이자 국내 최초의 관점 디자이너 박용후, '세계화전략연구소'를 운영하면서《부자들의 성공습관》등을 저술한 이영권 대표,《아트스피치》,

《꿈이 있는 아내는 늙지 않는다》의 저자이자 tvN '스타특강쇼' 역대 최고 시청률을 기록한 대한민국 국민강사 김미경 등이 있다.

그 밖에도 명강사들은 헤아릴 수 없이 많다. 아무리 시간이 부족하고 금전적 비용이 들어가더라도 자신에게 필요한 명강사의 특강만큼은 자주 들어 보자. 한 시간 남짓 동안의 강연이 당신의 인생을, 운명을 바꿀 수도 있다.

굳이 명강사가 아닌 일반인의 강연도 회사의 교육 관련 부서에 연락하면 쉽게 찾을 수 있다. 자기계발 특강 강사들은 마케팅 차원에서 회사의 교육 담당 부서에 홍보 팸플릿, 이메일 등을 보내기 때문이다. 따라서 회사와 교섭이 있는 연수기관, 각종 단체에서 주최하는 공개강좌 팸플릿, 평소 관심을 갖던 분야의 것을 유심히 찾아보면 자기가 듣고자 하는 자기계발 특강을 쉽게 찾을 수 있다.

세상 한편에서는 자신의 미래가 없다고 한탄하면서 술로 인생을 낭비하는 사람이 많지만, 또 다른 한편에서는 열심히 자기계발 특강에 참석하면서 미래를 준비하는 사람도 많다. 당연히 후자의 사람들이 멋진 미래를 만들 것은 분명하다. 후자의 사람들은 역경을 이겨 낸 사람들로부터 희망을 얻고, 명사들로부터 미래에 대한 혜안을 얻기 때문이다.

《탈무드》에는 "원하는 것도, 인생의 목적도 없는 사람들에게 행복한 일은 일어나지 않는다. 행운은 그들에게서 아무런 의도도 발견할 수 없기에 그들 곁을 지나쳐 버린다"라는 내용이 나온다. 자기계발 특강에 참석하는 사람들은 대개 원하는 것이 분명하고, 인생의 목적이 뚜렷한 사람들이다. 이렇게 꿈과 비전을 갖고 있는 사람들과 교류하는 것만으로도 새로운 인생 제2막에 첫걸음을 내디딘 것이나 마찬가지다. 세계적인 동기부여가 찰스 존스는 다음과 같이 말했다. "지금 읽고 있는 책과 요즘 시간을 함께 보내는 사람들에 의해 내 인생 5년 뒤의 모습이 결정된다. 그렇다. 지금 당신이 함께 시간을 보내는 사람이 누구냐에 따라서 내 미래가 결정될 수 있다."

인생 제2막을 열기 위해 무엇보다 중요한 것은 '실행력'이다. 누구나 꿈과 비전을 작성하고 선언할 수 있다. 인생 제2막 콘셉트를 정하는 것도 어렵지는 않다. 하지만 아무리 좋은 꿈과 비전, 실현 가능한 인생 제2막 콘셉트가 있더라도 거기에 맞는 실행 계획이 없으면 꿈과 비전은 단순한 공상에 불과할 뿐이다.

더 늦지 않게 지금부터라도 소중한 시간과 돈을 자기계발 저자 특강에 투자해 보는 것은 어떨까? 저자들의 강연을 들으면서 자신이 서 있는 현주소를 파악할 수 있고, 앞으로 어떤 곳을 향해 나아가야 할지 방향을 정할 수 있다. 그곳에서 눈부신 인생 제2막의 더욱 구체적인 그림을 그릴 수 있는 혜안을 얻을 수 있을 것이다.

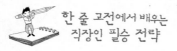
한 줄 고전에서 배우는
직장인 필승 전략

子貢, 問君子, 子曰, 先行其言, 而後從之.
자 공, 문 군 자, 자 왈, 선 행 기 언, 이 후 종 지.

- 《논어》 '위정' 편 -

◆　　◆　　◆

자공이 군자에 대해 묻자, 공자가 말했다.
"말하고자 하는 바를 먼저 실행하고, 그다음 말이 행동을 따르게 하라."

한 가지 전문 분야의 저서
100권 읽기

직장을 다니면서 제2의 인생을 준비한다는 것은 말처럼 쉽지 않다. 꿈을 꾸고 버킷리스트를 적더라도 출근길의 지옥철에 몸을 내던지면 꿈은 온데간데없이 사라져 버린다. 바쁜 시간에 짬을 내어 저자 특강에 참석해도 뒤돌아서면 다시금 무거운 현실이 어깨를 짓누른다. 이처럼 꿈을 찾고 인생 제2막의 콘셉트를 찾았다고 해서, 또 저자 특강에 꾸준히 참석한다고 해서 모든 일이 술술 풀리는 것은 아니다. 꼬이는 일이 하나둘씩 쌓이다 보면 '나는 역시 안 돼'라고 하면서 지레 좌절하는 사람도 많다.

그런데 이럴 때 옆에서 좌절하지 않도록 도와주는 존재가 있다. 그것은 날아가 버린 꿈을 다시 되돌아오게끔 해 준다. 바로 '책'이 그렇다. 앞이 보이지 않고 막막할 때 책을 읽으면 그 안에서 빛을 발견할 수 있다. 그래서 동서고금을 막론하고 훌륭한 위인들은 항상 독서를 강조하고 책읽기를 생활화했다.

안중근 의사는 "一日不讀書 口中生荊棘(일일부독서 구중생형극: 하루라도 책을 읽지 않으면 입안에 가시가 돋는다)"는 명언을 남기며 독서의 중요성을 강조했다. 또한 순국 직전 "5분만 시간을 주시오. 아직 책을 다 읽지 못했소"라고 한 유명한 일화도 있다. 그만큼 그는 독서와 교육의 중요성을 몸소 실천한 인물이다.

나폴레옹도 독서에 대한 열의가 대단했다. 전쟁터에서도 항상 책을 가득 실은 마차 한 대를 대동하고 전투를 진두지휘할 정도였다. 나폴레옹은 역사에서부터 철학, 희곡, 병법, 문학 등 광범위한 독서를 통해 폭넓은 지식과 탁월한 상상력이라는 무기를 갖게 되었고, 이는 전쟁터에서도 전략을 수립하고 승리하는 데 밑거름이 되었다.

퇴직 후의 새로운 삶은 인생에 있어서 매우 중요한 일이므로 훌륭한 위인들을 거울삼아 책을 통해서 그 길을 찾는 것은 필수다. 자신의 철학이 바탕이 된 인생 제2막을 준비하기 위해 꾸준히 독서를 해야 한다. 그런데 중요한 점은 단순 독서는 의미가 없다는 것이다. 아무 생각 없이 읽고 싶은 것을 닥치는 대로 읽는다고 해서 미래가 달라지지는 않는다. 책에서 교훈을 얻고 그 교훈을 통해 더 나은 삶을 살기 위해서는 다음과 같이 독서를 하면 좋다.

첫째, 어떤 분야의 책을 읽을 것인지 정할 것

둘째, 그 분야의 주요 도서 100권을 정할 것

셋째, 목표를 정하고 목표한 기한 내에 반드시 읽을 것

100권이라는 숫자는 나름 의미가 있다. 100권을 통해서 체질을 바꾼 사례가 있기 때문이다. 삼류대학에서 일류대학으로 도약한 미국의 시카고 대학교가 그 사례다. 시카고 대학교는 설립 연도인 1890년부터 1929년까지는 둔재들만 가던 소문난 삼류 학교였다. 그런데 이 대학은 1929년을 기점으로 놀랍게 변화하기 시작했다. 바로 '시카고 플랜'을 통해서다. 당시 총장에 취임한 로버트 허친스는 "인류의 위대한 유산인 인문고전 100권을 달달 외울 정도로 읽지 않은 학생은 졸업을 시키지 않는다"라고 선포했다. 학생들은 '시카고 플랜'에 따라 100권의 선정 도서를 읽기 시작했다.

이를 실천한 학생들이 늘어나면서 대학을 졸업한 학생들 중에 노벨상 수상자들이 나타나기 시작하더니, 급기야 노벨상 수상자의 수가 폭증한다. 1929년부터 2000년까지만 살펴봐도 시카고 대학교가 배출한 노벨상 수상자는 무려 예순여덟 명에 달한다. 노벨상 수상과 독서프로그램과의 관련성을 100퍼센트 인정하기는 어렵겠지만, '시카고 플랜'이 끼친 영향력은 결코 무시할 수 없다.

한 대학이 '100권 플랜'을 통해서 체질을 바꿨듯이 직장인도 도서 100권을 선정하여 목표 기한 내에 읽겠다는 장기 계획을 세우면 새로운 인생을 개척할 수 있다. 단, 100권을 읽더라도

아무 장르나 무분별하게 읽는 것은 바람직하지 않다. 가급적 한 분야의 도서를 선정하여 읽는 편이 좋다. 한 분야의 도서 100권을 읽는 것은 그 분야의 대가를 직간접적으로 만날 수 있는 좋은 기회가 된다. 이 세상에는 아무도 길을 가지 않은 전인미답의 직업은 극소수에 불과하다. 어느 분야든지 그 분야의 고수가 있다. 일반적으로 고수들은 자신이 고수에 도달하기까지의 경험과 연륜을 책을 통해 일반인들에게 전달한다.

대한민국 제1호 문화캐스터로 알려진 서주희의 저서 《장인 44》나 우리문화유산답사기로 유명한 유홍준의 저서 《우리 시대의 장인정신을 말하다》를 보면 대한민국 각 분야에서 활약하는 대표적 고수들의 삶이 소개되어 있다.

인생 제2막의 콘셉트를 정했다고 하더라도 함부로 사표를 던지지 말고 직장을 다니는 동안 그 분야에 관한 책 100권을 읽어 보자. 더 나아가 그 분야의 대가들을 직접 만나서 강의를 듣는다면 실로 많은 공부가 된다. 그러면 자신이 가고자 하는 길에 대한 지름길이 보이고, 시행착오도 줄일 수 있다.

제2의 인생을 위한 준비는 꾸준히 해야 한다. 며칠 동안의 운동으로 탄탄한 근육이 만들어지는 것이 아니듯, 몇 권의 책을 읽고 전문가와 상담을 한다고 제2의 인생이 완성되는 것은 아니다. 야구선수가 스윙이면 스윙, 송구면 송구 등 한 가지 동작을 마스터할 때까지 끊임없이 연습을 반복하는 것처럼 어떤 분야의 전문가가 되기 위해서는 해당 분야에 대한 다독(多讀)이 필요하다.

김성근 감독의 《리더 김성근의 9회말 리더십》에 보면, 2000 년 말 LG트윈스 2군 감독으로 취임하면서 2군 선수들에게 해준 이야기가 나온다. 여기에는 그의 인생철학이 담겨 있는데 직장인도 새겨들을 만하다.

> "너희들이 1군에 올라갔을 때를 가정해 보자. 어쩌다 대타로 나가게 됐다. 낯선 환경과 많은 관중, 떨릴 수밖에 없다. 그때 상대 투수의 실투 하나를 놓치게 되면 그 타석은 끝이다. 거기서 못 치면 또 2군이다. 또 언제 올라가게 될지 아무도 장담할 수 없다. 안타를 치느냐 못 치느냐에 따라 많은 것이 달라진다. 그런 상황에서 이것저것 생각해서 움직인다는 것은 불가능하다. 머리가 아니라 몸이 먼저 반응해야 결과물을 만들 수 있다. 하루에도 수천 번씩 스윙을 하며 몸에 익혀 둬야 무의식의 상태에서도 좋은 결과를 낼 확률이 높아진다."

그간 직장인으로서 치열하게 뛰었던 무대는 어쩌면 2군에 불과할지도 모른다. 2군 경기장은 선수 개개인의 존재가 부각되지 않는 반면, 1군 경기장에선 선수의 일거수일투족이 TV 등 방송매체의 영향으로 관중들에게 상세하게 드러난다.

직장도 이와 유사하다. 특히 대기업에서 업무를 하면 2군 선수처럼 '나'의 존재는 부각되지 않는다. 오직 개인 등 뒤에 있는 회사 브랜드만 부각된다. 그러나 창업의 길은 다르다. 창업의 경우는 1군 선수처럼 '나'에 대한 일거수일투족이 거래 상대방에게 알려진다. 이전까지는 '나'를 쳐다보지 않고 회사만 쳐다봤던 상대방은 회사 대신 '나'에게 시선을 돌린다. 수많은 시선을 받으면 긴장이 되어 실수를 하는 것이 당연하다.

퇴직 후 제2의 인생을 살 때 이런 긴장된 상황을 극복하고 실수를 줄이려면 가고자 하는 분야의 책 100권을 퇴직 전에 반드시 읽어야 한다. 2군 선수가 1군에 올라가서도 실수하지 않기 위해 끊임없이 연습을 하는 것을 직장인은 거울로 삼을 필요가 있다.

직장에서 어떠한 방식이든 위기 징후가 나타나면, 다시 한 번 인생을 점검하고 꿈을 적어 보며, 어떠한 인생 제2막을 살 것인지 차근차근 설계해야 한다.

우리는 주변에서 퇴직 후 사업에 손을 댔다가 경제적으로 궁핍해진 사람들 얘기를 쉽게 들을 수 있다. 이런 사람 중에는 퇴직 후 '이리 갈까, 저리 갈까, 차라리 돌아갈까?'를 반복하다가 퇴직금까지 날린 경우가 많다. 이것은 세상 물정을 모르는 사람들의 이야기가 결코 아니다. 철저한 준비가 없다면 바로 나 자신의 일이 될 수 있다. 그러므로 꾸준히 독서를 통해 공부하고 준비해야 한다. 자신이 하려는 분야의 책 100권을 목표 기한 내에 읽어 보자. 자신도 모르게 사고가 확장되고 의식수준이 높아지면서 미래에 대한 눈이 뜨이게 될 것이다.

子曰, 學而不思則罔, 思而不學則殆.
자 왈, 학 이 불 사 즉 망, 사 이 불 학 즉 태.

– 《논어》 '위정' 편 –

◆   ◆   ◆

공자가 말했다.
"배우기만 하고 생각하지 않으면 얻는 것이 없고,
생각하기만 하고 배우지 않으면 위태롭다."

매일 일기 쓰기

어릴 때는 누구나 일기 쓰기를 싫어해서 초등학생 시절 선생님에게 일기를 제출하지 않아 혼난 기억이 한 번쯤은 있을 것이다. 그런데 재미있는 점은 어릴 때부터 글쓰기를 싫어한 사람은 어른이 되어서도 그 성향이 크게 바뀌지는 않는다는 것이다. 회사에서도 보고서를 쓰기 싫어하는 사람들이 있는데, 그들은 웬만한 보고는 말로 때운다. 이런 사람들에게 퇴근 후 일기 쓰기는 여간 성가신 일이 아니다.

그러나 일기 쓰기를 귀찮다고 게을리하면 큰 것을 놓칠 수 있다. 일기 쓰기가 힘들다면 그날에 있었던 일을 메모하여 기록으로 남기는 것도 좋다. 일기나 오늘 하루에 대한 단순한 메모가 먼 훗날 '나'라는 사람에 대한 역사 기록물이 될 수 있다. 다음의 기사는 일기나 메모가 역사 기록물이 될 수 있다는 사례를 여실히 보여 준다.

1914년부터 1974년까지 60년간 유명 한의사가 꼼꼼하게 기록한 진료 기록이 공개돼 근대 한국의 의료변천사를 한눈에 살펴볼 수 있게 됐다. 최근 경희대 한의과대학은 "한의사인 청강 김영훈 선생이 60여 년간 기록한 진료부와 처방전에 대한 전산화 작업을 끝내고 연구 중에 있다"고 밝혔다. (중략) 1914년 4월부터 시작하는 그의 진료 기록은 작고하기 6개월 전인 1974년 1월까지 이어진다. 6·25전쟁 기간을 제외하고 매년 일정량의 진료 기록이 보존돼 있는데 대략 연인원 10여만 명에 관한 방대한 자료다. 이 안에는 어떤 직업의 누가, 언제, 어떤 병으로 어떤 처방을 받았는지가 상세하게 기록돼 있다. 지난 8월에는 유품 1,600점 가운데 진료기록부 등 955점이 근대 문화유산으로 지정되기도 했다. 보춘의원을 찾은 단골 대부분은 낙원상가 인근 북촌의 상류층이었다고 한다. 동요 반달을 작곡한 윤극영, 독립협회를 창립한 이상재 선생, 소설가 심훈도 감기로 이곳을 찾았다. (중략) 경희대 한의과대학 김남일 학장은 "이처럼 꾸준한 기록은 동아시아를 통틀어서 유일무이하다"며 "근대 한의학이 어떻게 발달해 왔는지 뿐만 아니라 당대의 사회상을 엿볼 수 있는 소중한 자료가 될 것"이라고 말했다.

　　　　　　- '어느 한의사의 60년 진료 기록, 살아있는 역사책으로',

이처럼 일기나 꾸준한 메모는 자신뿐만 아니라 사회의 역사 기록물이라 할 수 있다. 이러한 소중한 기록물은 언젠가는 자신 또는 자녀들, 그 이하 후손들에게 소중한 기록물이 된다.

너무 거창하게 역사 기록물까지 아니더라도 일기를 꾸준히 쓰면 언젠가는 자신의 이야기를 상품으로 팔 기회가 생긴다. 회사를 떠나는 사람들은 대부분 이야깃거리가 많다. 회사에서 승 승장구하여 높은 자리까지 올라간 사람이든, 회사생활이 순탄치 않아서 구조조정을 당한 사람이든, 품은 뜻이 있어서 자발적으로 회사를 떠나는 사람이든 간에 회사를 떠나는 사람과 술 한 잔을 하면, 그야말로 이야기가 쏟아져 나온다.

앞의 제3장에서 언급한 정철상의 저서《서른 번 직업을 바꿔야만 했던 남자》도 결국은 자신이 겪었던 수많은 사례를 메모한 기록물이다. 정철상은 직업을 서른 번이나 바꾸는 동안 그 순간순간의 수모와 좌절, 희망과 성공의 기쁨을 꾸준히 기록했는데, 그 기록이 훗날 책의 콘텐츠가 될 수 있었다. 정철상은 자신의 과거 이야기를 대중에게 책으로 들려 준 것이다.

여행 작가 손미나도 자신의 이야기를 꾸준히 메모하고 그 내용을 대중에게 판매한 사람이다. 그녀는 아나운서를 퇴사하는 그 순간의 감정을 꾸준히 글로 적었다. 퇴사 후 스페인, 프랑스 등을 다니면서 골목골목의 작은 풍경도 놓치지 않고 꼼꼼히 메모했다. 그 메모가 모여 한 권의 여행서가 탄생했다. 손미나는 자발적으로 회사를 나가서 여행 작가라는 프리랜서에 안착한 자신의 모험 스토리를 대중에게 멋지게 판매한 것이다.

이처럼 어떤 사유로 회사를 나가든 회사를 나간 사람들에게는 각자의 스토리가 있다. 그런데 이런 자기만의 고유한 스토리를 정철상이나 손미나처럼 세상에 알리지 못하고 사장시키는 사람이 대다수다. 세상에 알리지 않더라도 회사를 다니는 동안 업무를 추진하면서 겪었던 성공과 실패의 경험들과 아쉬웠던 사연들을 꾸준히 메모한다면 그것이 소중한 자료가 되어 인생 제2막을 여는 데 돌파구가 될 수 있다.

꾸준한 메모가 돈벌이가 된 사례도 있다. 2005년에 56세의 고졸 주부로 최고령 퀴즈왕이 된 박영자 씨가 그 주인공이다. 그녀는 '퀴즈 대한민국'이란 프로에서 최고령 퀴즈 영웅이 되었다. 야간 여상을 졸업한 그녀는 간병인 생활을 하면서 가계를 꾸려가는 어려운 상황 속에서도 쟁쟁한 젊은이들을 물리치고 우승을 거머쥐었다. 그런데 그 우승 비결이 바로 메모였다. 그녀는 평소 신문과 책을 보며 메모하는 습관을 가진 것이 퀴즈대회 우승의 원동력이었다고 밝혔다.

그 밖에도 일기를 꾸준히 쓰거나 메모를 하면 건강에 좋다. 글쓰기를 지속적으로 하면 치매가 예방된다는 연구 결과가 있다. 지금 우리 사회는 치매와의 전쟁에 돌입했다. 나날이 발전하는 디지털 기술의 발달로 사람들은 예전만큼 머리를 쓰지 않는다. 노래방이 생긴 이후로 노래 가사를 외우지 못하고, 휴대폰의 단축 번호로 인해 지인들의 전화번호, 심지어는 자신의 집 전화번호까지 외우지 못하는 상황이 발생한다. 또한 내비게이션의 발달로 길눈이 밝은 사람이 줄었다.

이 모든 것이 세상이 디지털화됨으로써 나타나는 일종의 치매 현상이다. 그런데 최근의 연구결과에 따르면, 글쓰기를 통해 치매 예방이 가능하다. 글을 쓸 때도 이왕이면 컴퓨터 자판보다는 펜으로 종이에 적는 편이 치매 예방에 효과가 크다고 한다.

꾸준히 일기를 쓰거나 메모를 한다면 이렇게 좋은 점들이 많다. 특히 '미래 일기'를 쓰는 것은 인생 제2막을 준비하는 데도 큰 도움이 된다. 원래 일기는 과거에 발생한 일과 경험을 적는 것이다. 그런데 발상을 전환해서 미래 일기를 쓴다면 나의 미래 준비에도 도움이 될 수 있다.

서정현 저자가 쓴 《더 늦기 전에 더 잃기 전에 꼭 알아야 할 것들》이라는 책에는 단순히 현재를 기록하는 것이 아닌 미래 일기를 쓸 것을 권유하고 있다.

"미래 일기를 쓸 수 있다는 것은 스스로 삶을 컨트롤할 수 있다는 말이다. 컨트롤되지 않은 삶에 대해 미래일기는 쓸 수 없는 법이다. 어느 정도 자신의 의지대로 해나갈 수 있어야 미래 일기도 써진다. 현재 불안하고, 막막하고, 어떻게 될지 모르는 상황에서는 미래가 아니라 현재마저 두렵고 불안하다. 자신의 주도권 아래 삶을 적당하게 통제해 온 사람들은 작은 성공 체험이 연습되어 계속 그러한 방향으로 흘러가게 된다. (중략) 미래 일기를 쓸 수 있다는 것은 주체로 사는 삶이어야 가능하다. 자신을 의지대로 꾸려 가는 건 물론 주변에까지 향기를 풍기는 삶이 주체의 삶이다."

한 치 앞도 내다볼 수 없는 현실에서 미래 일기를 쓴다는 것은 예지력을 키우는 일이다. 또한 미래에 발생할 일을 글로 적는 것은 강한 자기 암시 효과가 있다.

인생을 살아가면서 알게 되는 삶의 진실 중 하나는 우리의 삶은 끊임없는 의사결정의 결과물이라는 사실이다. 우리는 태어나면서부터 지금까지 줄곧 무언가를 선택하면서 살아왔다. 인생에서 우리는 무수한 결정을 내려야 하므로 잘못된 결정을 내리지 않기 위해 과거를 반면교사로 삼는 것이 좋다. 그런데 사람의 기억력은 한계가 있으므로 지난 일기장에 유사한 사례가 기록되어 있다면 최선의 결정을 내릴 수 있다. 이것이 바로 일기의 강점이다.

선택의 순간에 올바른 선택을 하기 위해서는 과거의 경험과 미래의 예지력이 필요하다. 이제부터라도 꾸준히 일기를 써 보는 것이 어떨까? 과거와 미래에 대해 일기를 쓴다면 수많은 선택의 기로에서 당신은 대부분 현명한 선택을 하게 될 것이다.

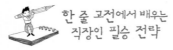
한 줄 고전에서 배우는
직장인 필승 전략

子曰, 我非生而知之者, 好古敏以求之者也..
자 왈, 아 비 생 이 지 지 자, 호 고 민 이 구 지 자 야.

- 《논어》 '술이' 편 -

◆　　　◆　　　◆

공자가 말했다.
"나는 나면서 알았던 사람이 아니라, 옛것을 좋아하여 민첩하게 구한 사람이다."

내 이름으로 된 책 쓰기

아래 두 집단의 사람을 잘 살펴보고 이 두 집단의 차이점에 대해서 생각해 보자.

첫 번째 집단

정호, 이광자, 홍치중, 김흥경, 신수현, 이의현, 김재로, 조현명, 김상로, 이천보, 유척기, 홍봉한, 김치인, 신만, 김상철, 신회, 김상복, 한익모, 서명선, 홍낙성, 김익, 이제현, 정존겸, 채제공, 김상철, 이병모.

두 번째 집단

유형원, 이익, 유수원, 홍대용, 박지원, 박제가, 정약용, 이덕무, 유득공, 안정복, 이긍익, 한치윤, 한백겸, 이중환, 신경준, 황윤석, 이수광, 서유구, 이규경, 성해응, 성주덕, 박세당, 홍만선, 서호수.

당신은 첫 번째 집단에서 아는 사람이 많은가, 두 번째 집단에서 아는 사람이 많은가?

첫 번째 집단의 26명은 조선의 르네상스 시대라 불리는 영·정조 시대에 영의정을 역임한 사람들이다.

두 번째 집단의 24명은 조선 후기 실학자들이다. 두 번째 집단의 사람 중 박지원, 정약용은 누구나 알고 있을 것이다. 그리고 이 두 사람 이외에 한두 명 정도는 학창 시절 때 국사 교과서에서 본 적이 있을 것이다. 그럼 이들은 누구일까?

유형원의 《반계수록》, 이익의 《성호사설》, 유수원의 《우서》, 홍대용의 《담헌집》, 박지원의 《열하일기》, 박제가의 《북학의》, 정약용의 《목민심서》, 이덕무의 《청장관전서》, 유득공의 《발해고》, 안정복의 《동사강목》, 이긍익의 《연려실기술》, 한치윤의 《해동역사》, 한백겸의 《동국지리지》, 이중환의 《택리지》, 신경준의 《훈민정음운해》, 황윤석의 《이재집》, 이수광의 《지봉유설》, 서유구의 《임원경제지》.

이제 확실히 이해가 갈 것이다. 두 번째 집단은 바로 자신만의 저서를 가진 실학자들이다. 이것이 바로 자신의 이름으로 책을 펴낸 효과다. 당시 조선 후기 백성은 두 번째 집단보다는 오늘날의 국무총리에 해당하는 첫 번째 집단의 사람들을 더 잘 알 았을 것이다.

그러나 300~400년이 지난 지금 첫 번째 집단에 해당하는 이름을 알고 있는 사람은 극히 드물다. 역사에 관심이 많은 나조차도 첫 번째 집단에서는 남인의 영수 채제공만 알아볼 수 있을 뿐이다. 반면, 두 번째 집단의 사람은 70퍼센트 이상을 알고 있다.

《삼국사기》를 집필한 김부식은 그의 인격이 어떠했든 간에 1,000년이 넘는 지금까지도 이름이 널리 알려져 있다. 백제의 고흥, 신라의 거칠부도 역사를 좋아하는 사람은 한 번쯤 들어보 았을 것이다. 고흥 박사는 백제의 역사서인 《서기》를 집필했고, 거칠부는 신라의 역사서 《국사》를 집필한 인물이다.

고흥과 거칠부가 집필한 책은 현재 우리에게 전해지지는 않지만 이 두 명의 이름은 국사 교과서에 당당하게 등재되어 있다.

물론 요즘처럼 출판물, SNS, 방송 미디어가 활성화된 세상에 서 책 한 권을 쓴다고 내 이름이 역사에 길이길이 남을 가능성 은 크지 않다. 하지만 자신의 이름 석 자를 동시대의 사람들에 게 알리는 데에는 책만큼 훌륭한 수단이 없다.

요즘 대한민국을 대표하는 공병호, 국민강사 김미경, 최근에 타계한 직장인의 멘토 구본형의 이름을 모르는 사람은 거의 없 다. 그런데 이들의 이름을 포털 사이트에서 검색하면 많은 저서

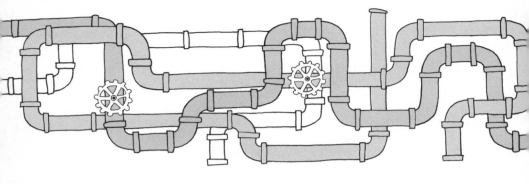

가 나열되는 것에 한 번 더 놀라게 된다.

대한민국에 힐링의 화두를 던진 혜민 스님은《멈추면 비로소 보이는 것들》이라는 한 권의 저서로 대한민국 불교를 대표하는 아이콘이 되었다. 많은 청춘에게 희망을 주고 있는 '청춘 멘토'로 알려진 김난도 서울대 교수는《아프니까 청춘이다》라는 저서로 서울대의 울타리를 벗어나 국민 멘토로 이름을 날리고 있다. 나꼼수로 잘 알려진 김어준은《닥치고 정치》라는 저서로 대한민국 비주류 정치계의 대표주자로 올라섰다.

그 밖에도《나의 문화유산답사기》로 국내 답사기의 새 지평을 열고 후일 문화재청장까지 역임한 유홍준 교수,《과학콘서트》를 통해 과학의 대중화에 앞장선 정재승 카이스트 교수 등도 책을 통해서 자신의 이름을 알린 사람들이다.

20대 초반에 글을 쓰기 시작해서 14년 동안 책 쓰기라는 한 우물을 파 130권 이상의 저서를 출간한 김태광 작가는 그의 저서《10년차 직장인, 사표대신 책을 써라》에서 자신만의 저서는 최고의 마케팅 수단이며 퍼스널 브랜딩의 중요한 수단이기 때

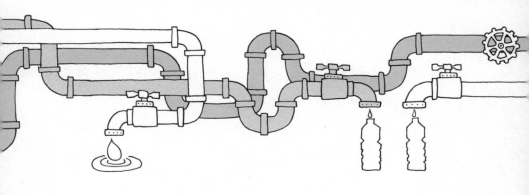

문에 꼭 책을 써야 한다고 강조한다.

"자기만의 노하우나 전문성을 담은 책을 쓰면 자신의 브랜드 가치
를 높일 수 있습니다. 전문가 1.0시대가 학위나 자격증에 의해 전
문성을 인정받았다면, 전문가 2.0 시대에는 책 쓰기에 의해 판가
름 난다고 할 수 있습니다. 따라서 전문가가 되기 위해선 그 어떤
스펙보다 자신의 이름으로 된 책 한 권이 좋습니다. 오늘 당장 책
쓰기에 도전해 보시기 바랍니다."

실제로 퍼스널브랜딩의 수단으로 자신의 저서가 있으면 좋
은 것은 두말할 나위가 없다. 2011년 한국경영자총협회의 조사
에 따르면, 대기업에서 신입사원으로 입사한 후 임원까지 올라
갈 확률은 0.6퍼센트에 불과하다. 이 0.6퍼센트 안에 들은 임원
이라도 자신의 이름은 신문의 작은 지면 하단에 살짝 기재되는
것이 전부다.

하지만 자신의 저서는 비록 신문에 등재되지 못하더라도 서

점이라는 유통망을 통해 자신의 이름을 널리 알린다. 또한 예전과는 다르게 블로그나 트위터, 페이스북 등의 SNS로 자신의 책을 홍보하는 것도 용이해졌다. 이를 통해 자신의 이름을 알리는 것도 예전보다는 훨씬 쉬워진 것이다.

누구나 평생 현역으로 살기를 원한다. 요즘 같은 고령화 시대에는 모든 사람이 꿈꾸는 삶이다. 하지만 인생 제2막에서는 인생 제1막만큼의 수입을 올리는 것이 쉽지 않다. 고수익을 올리는 방법을 안다고 해도 인생 제1막 때의 체력이 뒷받침되지 않기 때문에 포기하는 경우도 있다.

인생 제2막에서는 육체적 힘은 덜 들어가지만 수입은 지속해서 확보할 수 있는 파이프라인 구축이 필요하다. 파이프라인 구축도 여러 방안이 있겠지만 책을 통한 인세 수입과 강연 수입, 칼럼기고 수입도 훌륭한 파이프라인 중의 하나로 꼽을 수 있다.

또한 앞에서 언급한 대로 글쓰기는 치매 예방에도 좋다. 노후의 건강을 위해서라도 지금부터 책 쓰기에 매진해 보자. 그러면 인생 제2막에서는 건강과 수입이라는 두 마리의 토끼를 한꺼번에 잡을 수도 있다. 또한 퍼스널 브랜딩도 이룰 수 있으니 1석 3조가 가능하다.

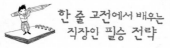

故上兵伐謀, 其次伐交, 其次伐兵, 其下攻城.

고 상 병 벌 모, 기 차 벌 교, 기 차 벌 병, 기 하 공 성.

– 《손자병법》 '모공' 편 –

◆　◆　◆

그러므로 최상의 전법은 책략으로 승리하는 것이고,

그다음이 외교로 이기는 것이며,

그다음은 직접 교전하여 적군을 분쇄하는 것이고,

최하의 방법은 적의 성을 공격하여 아군을 상하게 하는 것이다.

스피치 배우기

학교 다닐 때 이런 말을 한 번쯤은 들어봤을 것이다.

"우리 선생님 수업은 정말 졸려."

"우리 교수님 강의는 너무 재미없고 지루해."

학교에는 유난히 강의가 재미없는 선생님이나 교수가 꼭 있다. 나 역시 그런 선생님이 있었다. 고등학생 때 수험서를 편찬한 K 선생님이 있었는데 그분은 수업시간에 자신의 수험서를 줄줄 읽기만 해서 우리는 그분의 수업시간에는 잠 자기에 바빴다. 강의를 못하는 선생님이나 교수님에게 '유머 감각이 부족하다'는 점은 아주 작은 문제에 불과하다. 오히려 말의 톤, 속도, 강약, 수업을 듣는 학생들과의 눈 맞춤 등에 대한 조절이 전혀 없이 단조롭게 강의를 하다 보니 학생들은 몇 마디 듣지도 않았는데 졸음이 몰려드는 것이다.

그런 수업을 들으면 중·고등학교 시절에는 어쩔 수 없이 의자에 엉덩이를 붙이고 있었지만, 대학교 시절에는 대리 출석을 부탁하며 수업을 빼먹기 일쑤였다. 내가 학교를 다니던 시절에는 지금처럼 IT시스템이 발달하지 않아서 대리 출석이 충분히 가능했다.

생각해 보면 대학 시절 때는 언제나 강의를 재미있게 하는 교수에게 수강생이 몰렸다. 설령 유머 감각이 없더라도, 말을 할 때 상황에 맞는 제스처, 말의 강약 조절, 학생들과 눈을 맞추며 반응을 살피는 자세를 갖춘 교수의 강의에는 항상 학생이 몰렸다.

학원의 경우는 더 심하다. 대학 입시 학원, 고시 전문 학원, 공시 전문 학원 등 학원가에는 항상 인기 강사가 정해져 있다. 수험생이 몰리는 주된 이유는 물론 강의 콘텐츠 때문이다. 그러나 강사들의 주 무기는 강의 콘텐츠에만 국한되지 않는다. 수강생을 구름처럼 몰고 다니는 강사들을 잘 살펴보면 적절한 제스처, 졸리지 않는 말의 어투, 강약 조절, 템포 조절, 표정과 시선, 유머 감각 등으로 학생들을 끌어모으는 자신만의 필살기가 있다.

유명한 연사들이 연설을 할 때에 청중이 구름같이 몰려드는 이유도 이와 같다. 그들은 항상 청중과 눈을 맞추면서 호흡을 같이한다. 말의 속도가 너무 빠르거나 느리지도 않다. 중요한 대목에서는 주먹을 불끈 쥐기도 하고, 단상을 치면서 호령하기도 한다. 이런 일련의 행동은 청중을 끌어당기고 감동시키기에 충분하다.

때로는 명연설 때문에 제도가 바뀌거나 전쟁이 종결되는 등 역사의 한 획이 그어지기도 한다. 후세들은 역사의 한 획을 그은 연설에 나온 명문장을 인용하면서 그러한 연설을 기린다. 일례로, 1963년 8월 노예 해방 100주년을 기념하여 워싱턴에서 열린 평화 대행진에서 마틴 루터 킹은 '나에게는 꿈이 있습니다(I have a dream)'라는 연설을 통해 흑인 민권 운동에 불을 붙였다.

1949년 10월 처칠은 옥스퍼드 대학 졸업식에서 졸업생을 대상으로 "절대! 절대! 절대! 절대로 포기하지 마십시오!"라는 유명한 말을 남겼다. 이 연설의 문구는 좌절에 빠진 사람들에게 용기를 불어넣어 주는 말로 오늘날에도 자주 인용된다.

2005년 스티브 잡스는 스탠퍼드 대학 졸업 연설에서 'Stay Hungry, Stay Foolish(갈망하고 우직하게 일하라)'라는 말로 항상 새로운 것을 추구하고 도전적인 삶을 살 것을 강조했는데, 젊은이들 중에는 이 말을 가슴에 깊이 새기는 사람이 많다.

이처럼 말이 모이면 스피치가 되고, 스피치는 명연설이 되어 사람들을 끌어모으면서 설득하고 공감을 얻는 중요한 수단이 된다. 그런데 한국 사회는 아직까지 말 잘하는 사람을 곱지 않은 시선으로 보는 문화가 있다.

"저 사람은 말만 잘해."

"빈 수레가 요란하지."

이런 말에는 '저 사람은 말 이외에는 아무것도 없다'라는 의미가 함축되어 있다. 말만 앞세우고 실천을 하지 않는다든지, 현란한 말재주로 사람을 속인다든지, 싱겁다든지 등등 부정적인 의미가 매우 강하다. 이런 문화는 한국인들로 하여금 스피치에서 자신감을 갖지 못하도록 하는 결과를 가져왔다.

실제로 외국과의 협상테이블을 나가 보면 한국 사람들이 외국인들에 비해 협상력이 상당히 떨어진다고 한다. 이는 어릴 때부터 말하는 문화와 토론하는 문화에 익숙하지 않은 환경에서 성장했기 때문이다.

특히 아랫사람이 윗사람에게 자기 의견을 강하게 주장하면 "어디서 꼬박꼬박 말대꾸야?", "시키는 것은 안하면서 말은 되게 많네", "말 잘하면 다 사기꾼이야" 등등 안 좋은 말로 아랫사람을 내리누른다. 그래서 아랫사람은 번뜩이는 아이디어나 회사 매출에 도움이 되는 제안이 있어도 꿀 먹은 벙어리가 된다.

그 밖에 '침묵은 금'이라는 속담도 의견을 적극적으로 표현하려는 사람에게 찬물을 끼얹었다. 그래서 초등학생 때는 선생님의 질문에 서로 손을 들며 발표하려고 했지만, 중학생 이후부터는 손을 들기보다는 가만히 앉아서 선생님이 시키는 대로만 했다. 자연스럽게 질문이 줄어들고 주입식 교육이 안착되는 것이다.

그러나 사회에 발을 내딛는 순간 판도가 바뀐다. 말을 못하면 바보 취급 당하기가 일쑤다. 거래처를 상대로 물건을 팔 때, 입찰에 들어가기 위해 앞에서 프레젠테이션을 할 때, 예산을 따기 위해 예산 담당자를 설득할 때, 휴가를 하루라도 더 가기 위해 상사를 설득할 때도 말을 잘하면 결과가 확연히 달라진다.

그런데 직장생활에서는 의외로 스피치를 배울 기회가 적다. 자기계발 항목에서도 스피치는 잘 들어가지 않는다. 오로지 영어와 체력 증진을 위한 운동만 강조하다 보니 스피치는 자기계발 항목에서 밀려난다. 대중 앞에 서면 더듬거리면서 스피치를 못하는 직장인이 많은데, 이런 직장인이 높은 자리까지 승진하면 착각에 빠지게 된다. 바로 '내가 말을 조리 있게 잘하는구나'라고 말이다.

국민강사 김미경의 저서 《아트스피치》를 보면 다음과 같은 내용이 나온다.

공직자나 CEO들의 스피치는 크게 두 종류로 나뉜다. 하나는 부하 직원인 대리나 과장이 써 준 원고를 그대로 읽는 타입이다. 또 하나는 생각나는 대로 두서없이 말하는 타입이다. 둘 다 준비하지 않기는 마찬가지다. 청중의 반응은 당연히 시원찮다. 그러나 부하 직원들이 이들의 눈과 귀를 가린다.

"장관님! 오늘 연설도 정말 감동적이었습니다. 역시 대단하십니다!"

주변에서 그러면 정말 그런 줄 안다. 그분도 마찬가지였다. 그러나 '현역'이 아닌 '전직' 신분으로 강연에 나서니 청중이 시큰둥한 반응을 보여 여간 당혹스럽지 않았다고 한다.

대부분의 사람은 그 사람의 내면보다 겉으로 보이는 지위나 겉모습을 보고 사람을 판단한다. 조직 안에 몸담고 있으면 이는 더욱 심하다. 나 역시 회사생활을 하고 있는 지금 스피치 능력이 부족하더라도 지위를 보고 장단을 맞추는 직원이 많다. 하지만 내가 퇴직 후에 새로운 일을 하고자 할 때는 어떨까? 분명 부족한 스피치 실력이 여지없이 드러날 것이다. 그리고 사람들은 드러나는 스피치 실력을 보고 신뢰도와 능력, 미래 가능성까지 가늠하게 된다.

많은 사람이 퇴직 후 보험설계사나 전문 연사가 될 것이 아니라면 스피치가 필요 없다고 생각한다. 하지만 인생 제2막을 살 때는 인생 제1막 때보다 작은 조직에 몸담을 확률이 크다. 작은 조직에서는 큰 조직보다 자기 자신을 더 알려야 한다. 세상에 큰 소리로 외치면서 퍼스널 브랜딩을 해야 한다는 말이다. 퍼스널 브랜딩을 하는 과정에서 스피치의 중요성은 아무리 강조해도 지나치지 않다.

자신의 상품과 서비스, 아이디어를 팔고 싶다면 우선 짧은 시간 내에 사람들의 관심을 끌 수 있어야 한다. 사람들로부터 관심을 끌게 되면 설득은 좀 더 쉬워진다.

누구나 인생 제2막에서는 홀로 서게 될 가능성이 크다. 이때는 자신의 지식과 경험을 돈으로 바꿀 지혜가 필요하다. 내 지식과 경험을 돈으로 바꾸기 위한 가장 좋은 방법은 나 자신을 알리는 것이다. 시간에 쫓기고 경제적으로 부담이 되더라도 스피치를 배운다면 세상에서 홀로서기를 할 때 나 자신을 좀 더 세련되게 알릴 수 있는 무기를 갖게 되는 셈이다. 이는 인생 제2막의 준비에 있어 많은 도움이 된다.

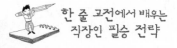

한 줄 고전에서 배우는
직장인 필승 전략

善戰者, 致人而不致於人.

선 전 자, 치 인 이 불 치 어 인.

– 《손자병법》 '허실' 편 –

◆　◆　◆

전쟁을 잘하는 자는 적을 조종은 하되 적에게 조종을 당하지 않는다.

철저하게 자기관리하기

그대 아끼게나 청춘을.

이름 없는 들풀로 사라져 버림도

영원에 빛날 삶의 광영도

젊은 시간의 쓰임새에 달렸거니

오늘도 가슴에 큰 뜻을 품고

젊은 하루를 뉘우침 없이 살게나.

위의 글은 일제 강점기 시기에 우리나라 농촌계몽운동에 앞
장섰던 고 류달영 선생님의 '젊은 하루'라는 시다. 연기자 박해
일은 연극 초년병 시절 너무 힘겨워 연기를 포기하려던 순간 위
의 시를 읽고 힘을 얻어 현재의 자리까지 왔다고 한다. 이 시가

박해일에게는 에너자이저였던 셈이다.

요즘은 '아플 수도 없는 마흔이다'라는 말이 유행할 정도로 사춘기를 앓고 방황하는 중년이 많다. '젊은 하루' 대신 '중년의 하루'라는 시 제목으로 흔들리는 중년에게 힘을 실어 주는 시가 나오면 어떨까? 다음과 같이 말이다.

그대 아끼게나 중년을.

인생 제1막을 마치고 소리 없이 사라져 버림도

멋진 인생 제2막으로 화려하게 등단함도

중년 때의 시간 관리에 달렸거니

과거에 연연하지 말고

중년의 하루를 뉘우침 없이 살게나.

배수진을 치고 오로지 앞으로만 나아가야 하는 40대. 100년 전의 40대는 이미 할아버지가 된 사람도 많았다. 자식들을 키워 스무 살에 결혼시키고 그 자식이 바로 아이를 낳음으로써 40대에 손주를 본 것이다.

그러나 지금의 40대는 빨라도 고등학생의 학부모, 늦은 경우는 초등학생의 학부모가 대다수다. 결혼 연령이 계속 늦어지는 추세에 비추어 보면, 10년 뒤의 40대는 학부형조차 되지 못한 사람이 절반이 넘을 것이다. 나이가 들어 은퇴를 했는데 자식이 한창 공부할 나이이면 어쩔 수 없이 또다시 일터로 나가야 한다. 미래에 대한 철저한 대비와 자기관리가 없으면 자신은 물론 자식들까지 국가에 'SOS'를 치게 될 것이다.

또한 지금의 자녀들도 사회에 진출하면 경제적으로 어렵기는 마찬가지일 것이다. 아무리 자녀를 금지옥엽으로 키웠다고 하더라도 그들은 우리에게 주는 용돈을 아까워하며 가급적 줄이려고 할 것이다. 결국 노후에도 믿을 것은 우리 자신밖에 없으므로 철저한 자기관리는 필수다. 그럼 미래에 대한 대비를 위해 우리는 어떻게 자기관리를 해야 할까?

첫째, 꾸준한 운동으로 체력 저하를 막는다.

과거의 운동선수와 현재의 운동선수의 은퇴 연령을 잘 살펴보자. 이를 보면 은퇴 연령이 상당히 뒤로 늦춰지고 있음을 알 수 있다. 2000년대 이후 한화의 송진우, 삼성의 양준혁, KIA의 이종범, SK의 박재홍 등은 철저한 자기관리로 화려한 선수생활과 함께 마흔이 넘어 은퇴했다. 프로야구 초창기 시절 마흔은 커녕 서른만 넘어도 은퇴를 생각했던 시대와 비교하면 자기관리를 철저히 하는 선수들이 얼마나 많아졌는지 알 수 있다. 외국의 경우는 그런 선수가 더욱 많다. 메이저리그에서는 훌리오 프랑코가 만 50세까지 현역 생활을 했고, 일본의 야마모토 마사히로(주니치 소속)는 한국의 나이로 마흔 아홉에 선발승을 따냈다.

운동선수뿐만 아니라 치어리더의 은퇴 연령도 뒤로 늦춰지고 있다. 1990년대만 하더라도 치어리더의 은퇴 연령은 25세 정도였다. 그러나 지금은 20대 후반은 물론 이따금 서른이 넘은 치어리더도 있다. 모두 체력관리를 철저하게 한 덕분이다.

직장인은 운동을 업으로 하는 사람들처럼 몸을 움직일 기회가 많지 않다. 하루 종일 자리에 앉아 있거나, 외근을 가더라도 차를 타고 가는 경우가 많다. 그런데 신체활동량은 부족한 반면 술을 마셔야 할 때가 많다. 더욱이 회식자리에서는 한 가지 술이 아닌 여러 종류의 술을 섞어 마시는 것이 보편적이다. 잘못된 음주문화는 체력을 쉽게 고갈시킨다. 체력이 떨어지는 직원은 상사 눈 밖에 나기 십상이다. 승진은 당연히 힘들어지고, 그밖에 퇴직 후 인생 제2막을 대비하는 것도 힘들게 된다.

인생 제1막을 오랫동안 유지하거나 인생 제2막의 준비를 위해서는 철저한 체력관리와 절제된 음주 습관이 필요하다. 그래야만 운동선수가 자신의 은퇴 연령을 늦추는 것처럼 직장인의 돈벌이도 오랜 시간 유지될 수 있다.

둘째, 끊임없는 공부를 통해 변화에 능동적으로 대처할 수 있는 힘을 기른다.

사회는 빠르고 끊임없이 변화하고 있다. 그 사회를 구성하고 있는 구성원들의 가치관과 관심사도 늘 변한다. 우리가 어렸을 때 배웠던 지식이 10년 뒤에는 부가가치가 떨어지거나 하찮은 것으로 변할 수 있다. 그렇기 때문에 항상 눈과 귀를 열고 시대의 변화를 예의 주시할 필요가 있다. 우리는 과거에 비해 엄청나게 빠르게 변화하는 세상에 살고 있는 만큼 기업이나 개인 모두 살아남기 위해서는 변화관리가 필수다.

조선 시대는 양반, 중인, 상민, 천민의 4단계 계급 구조였다. 양반은 한학을 공부했고, 중인은 주로 기술을 공부했다. 중인의 직업에는 의관, 역관, 율관이 있다. 오늘날로 말하자면 의관은 의사, 역관은 동시 통역사나 외국어 능통자이고 율관은 법조인이다.

조선 시대의 양반은 의학, 어학, 법학을 공부하지 않았다. 그것은 중인이 공부하는 분야였다. 산업사회 이후 인기를 독차지하고 있는 의학과 법학, 현대인의 필수인 외국어는 조선 시대의 엘리트인 양반들에게 하찮은 잡기(雜技)에 불과했다. 반면, 현대의 엘리트 중에는 조선 시대 양반의 최고 학문으로 꼽혔던 한문학을 공부하는 사람이 드물다.

물론 조선 시대와 현대는 100년 이상의 시간적 간격이 있어서 이를 변화의 한 축으로 보는 데는 무리가 있다. 다만 정보기술의 발달로 변화의 속도가 굉장히 빠르기 때문에 현 직장인들이 가치 있다고 평가하는 직업이 자식 세대에는 하찮은 직업이 되거나 심지어는 사라질지도 모른다. 그래서 앞으로는 더더욱 평생 공부가 필요하다. 혹자는 노익장을 과시할 수 있는 원천을 평생 공부라고도 한다.

경제 전문가인 엄길청 박사는 KBS2 '가족의 품격 풀하우스' 프로그램에서 49세에서 57세 사이의 남녀를 대상으로 설문조사를 한 결과, 대부분이 생활고 때문에 46퍼센트는 결혼이 불행하다고 하며, 36퍼센트는 심지어 이혼까지 고려한다고 말했다. 그리고 이를 바탕으로 훌륭한 배우자의 조건으로 생활력을 꼽으며 다섯 가지 기준을 제시했다.

1. 손재주가 있는 사람
2. 오래 쓰는 것을 좋아하는 사람
3. 공부를 좋아하는 사람
4. 걷는 것을 좋아하는 사람
5. 자녀 많은 것을 좋아하는 사람

훌륭한 배우자의 조건은 직장인의 미래 및 생존과 직결되는 부분이 있다. 위와 같이 '공부를 좋아하는 것'이 훌륭한 배우자의 조건이라면 직장인의 미래 준비를 위한 조건에도 공부는 빠질 수 없는 부분이다.

셋째, 어떤 상황에서도 마인드 컨트롤을 할 수 있도록 평소에 꾸준한 명상을 한다.

나이가 들면 감정이 상하는 일이 많아진다. 예전에는 너그럽게 넘길 수 있는 일도 화를 참을 수 없거나, 마음 상하는 일이 많아진다. 전에는 대범하다는 말을 많이 들었는데 자신도 모르게 마음이 옹졸해지는 경우가 생긴다. 이렇게 되면 하고 있는 일이 잘 풀리지 않거나 가족 관계가 소원해지는 등 일상이 흐트러지게 된다. 운동선수의 경우도 마찬가지다.

LA다저스에는 한국인의 위상을 드높이고 있는 류현진이 있다. 류현진이 강한 이유는 단순히 공의 스피드나 현란한 체인지업 기술만이 아니다. 어떤 상황에서도 흔들리지 않는 침착성에 있다. 그는 심판의 스트라이크 존에 불만을 품지 않는다.

류현진 경기를 꼬박꼬박 챙겨 보고 있는 김경문 NC 감독은 "심판의 스트라이크 판정이 왔다 갔다 하면 투수는 볼이 많아지거나 몸에 맞는 볼이 나올 수도 있고 안타도 쉽게 맞을 수 있다. 예민한 투수라면 쉽게 흔들릴 수 있는데 류현진은 한국에서나 미국에서나 전혀 그런 게 없더라. 정말 대단한 투수"라며 감탄한다.

류현진은 "심판들마다 자신이 좋아하는 존이 있다. 선수가 심판한테 맞춰나가야 한다"라고 말한다. 이처럼 류현진이 생소한 메이저리그 스트라이크 존에 빠르게 적응할 수 있었던 것은 안정된 제구와 흔들림 없는 마음가짐이 있기 때문이다.

류현진이 심판의 스트라이크 판정에 흔들리지 않는 것처럼 직장인도 상사의 평가나 주위의 평가에 너무 일희일비할 필요가 없다. 꾸준히 명상을 한다면 누가 뭐라고 하든 간에 평정심을 유지하며 자신의 길을 꿋꿋이 갈 수 있을 것이다.

한때 '나이는 숫자에 불과하다'라는 광고 카피가 유행했다. 나이든 사람도 젊은 사람 못지않게 도전할 수 있음을 알리는 희망의 메시지였다. 그러나 철저한 자기관리가 없는 한 나이는 숫자를 넘어서 자신을 옥죄는 쇠사슬로 바뀔 수 있다.

체력이 뒷받침되지 않는 나이는 자신의 활동반경을 좁힐 것이고, 공부가 뒷받침되지 않는 나이는 자신을 우둔하게 만들 것이며, 명상이 수반되지 않는 나이는 자신을 어린아이로 만들 것이다. 빛나는 미래를 위해서나 노후에 자식에게 찬밥 신세를 당하지 않으려면 항상 자신을 철저하게 관리해야 한다.

한 줄 고전에서 배우는
직장인 필승 전략

曾子曰, 吾日三省吾身, 爲人謀而不忠乎,
증 자 왈, 오 일 삼 성 오 신, 위 인 모 이 불 충 호,

與朋友交而不信乎, 傳不習乎.
여 붕 우 교 이 불 신 호, 전 불 습 호.

- 《논어》 '학이' 편 -

◆　　◆　　◆

증자가 말했다.

"나는 날마다 세 가지에 대해 나 자신을 돌아본다.

남을 위해 일하면서 정성을 다하지 못했는가?

친구를 사귈 때 믿음을 지켰는가?

스승께서 전수한 가르침을 항상 마음에 두고 실천하였는가?

chapter
5

회사는 결코
당신을 지켜 주지 않는다

직장생활, 정글의 법칙

나라를 창업할 때는 무인과 인척들의 도움이 절대적으로 필요하다. 반면, 왕조가 설립된 이후에는 무인과 인척들이 안정적인 왕권 강화 유지에 걸림돌이 되는 경우가 많다. 그래서 역사를 보면 왕조 창업에 공이 많았던 무신들이나 인척, 개국공신 등은 왕권 강화라는 미명하에 토사구팽당하는 일이 많았다. 명나라를 세운 주원장, 한나라의 여태후, 우리나라의 조선 태종 이방원도 왕조의 창업에 동고동락한 공신, 인척들을 숙청함으로써 나라의 안정을 도모했다.

회사의 최고 경영자(왕)는 회사의 생존(왕조 유지)을 위해 때로는 구조조정과 정리해고(피비린내 나는 숙청)를 감행할 수밖에 없다. 회사 설립에 관여한 직원이 아니더라도 그 회사에 10년 이상 근무했다면 회사를 위해 일정 부분 기여한 부분은 분명히 있다. 그런 면에서 공신이라고 불릴 만하다.

하지만 어느 순간 회사는 생존이라는 명분 아래 구조조정의 칼날을 휘두르고 그 칼에 많은 사람이 희생당한다. 설령 이번의 구조조정을 피했다 하더라도 짧게는 5년 뒤, 길게는 10년 뒤에 다시 칼끝이 내 목을 향하게 될지도 모른다.

그러나 당장의 칼끝을 피해 5년 내지 10년을 더 보장받을 수 있다면 이것은 직장인에게는 큰 축복임에 틀림없다. 그래서 직장인들은 이런 피비린내 나는 숙청에서 살아남기 위해 최선을 다한다. 살아남기 위한 직원들의 처절한 몸부림은 마치 정글 속에서 살아남기 위해 벌이는 동물들의 사투와 다를 바가 없다.

그러나 엄밀히 따져 보면 무조건 정글 속에서 살아남는 것만이 답은 아니다. 동물들을 살펴보자. 동물들은 때로 밀림에서 사투를 벌이면서 생존하지만, 현재 자신이 있는 곳이 안전한 서식지가 아니라고 판단되면 과감하게 대이동을 한다. 동물들은 생존, 번식을 위해 목숨을 건 대이동을 하는 것이다.

동물들의 대이동은 타고난 본능과 단호한 결의에 따라 이루어진다. 직장인이라면 동물들의 대이동으로부터 직장 탈출 시기에 대한 교훈을 얻는 것도 나쁘지 않다.

구본형 저자가 쓴 《익숙한 것과의 결별》에도 생존 본능에 대한 이야기가 나온다. 책 첫머리에 보면, 1988년 7월 영국 스코틀랜드 근해 북해 유전에서 석유시추선이 폭발해 168명의 목숨이 희생되었는데, 그중에 기적적으로 살아남은 앤디 모칸 (Andy Mochan)의 사례가 소개되어 있다. 짧게나마 이곳에 옮겨 보겠다.

그가 한참 잠이 들어 있었을 때의 일이다. 그는 잠결에 들리는 엄청난 폭발음 소리에 본능적으로 밖으로 뛰쳐나갔다. 그의 눈앞에는 거대한 불기둥이 곳곳에서 요란한 소리와 함께 치솟고 있었다. 아무리 주위를 둘러봐도 피할 곳이라고는 없었다.

순간 그는 배의 난간을 향해 전력을 다해 뛰었다. 하지만 바다 역시 새어나온 기름으로 불바다를 이루고 있었다. 그가 바다로 뛰어내린다 하더라도 길어야 30분 정도 여유가 있을 뿐이었다. 그 짧은 시간 안에 구조되지 않는다면 살기를 포기해야 할 것으로 판단되었다. 더욱이 배의 갑판에서 수면까지는 거의 50미터 높이였다. 모든 것이 불확실했다. 그리고 무엇보다도 그는 두려웠다. 머뭇거림도 잠시, 그는 불꽃이 일렁이는 차가운 북해의 파도 속으로 몸을 던졌다.

위의 앤디 모칸 사례는 마치 동물들의 대이동처럼 일견 직장을 탈출하는 것이 직장인에게 가장 좋은 방법으로 비쳐지기도 한다. 문제는 위의 사례가 책을 통해 일반인들에게 알려지면서 마치 자기 회사가 불타는 갑판인 양 대책 없이 사표를 던지고 창업을 하여 오히려 경제적 빈곤층으로 추락한 직장인들이 생겨나기 시작했다는 점이다. 만일 회사가 불타는 갑판이 될 정도라면 자본 잠식이 심각하거나 상장폐지가 되는 경우 또는 기타 임직원에 대한 급여가 체납되는 경우일 것이다.

동물들도 서식처를 찾기 위해서 대이동을 시작할 때는 그곳이 굉장히 살기 어렵다고 판단한 경우다. 그렇지 않다면 동물들은 현재 있는 정글에서 최대한 버티면서 사냥을 하거나 풀을 뜯어 먹는다.

직장인들도 정글의 동물들에게서 교훈을 얻을 필요가 있다. 회사를 무작정 떠나려고 하는 것은 '현실 도피'에 불과하다. 적어도 가장이라면(가장이 아닌 경우도 마찬가지지만) 정글의 법칙을 이해하고 정글에서 살아남는 방법을 터득하거나, 현재의 서식지가 살 곳이 못된다면 과감하게 대이동을 통해 자신의 분신들을 온전히 키워야 한다.

산업사회 이전의 농경사회에서는 직장이라는 정글 없이도 먹고살 수 있었다. 선비들은 욕심만 버린다면 시골에서 마음 편히 살 수 있는 길이 많았다.

일례로, 조선 시대에는 당파싸움이나 사화를 피해 시골로 낙향한 선비가 많았다. 어느 한 편에 서게 되면 귀양이나 죽음을 피할 수 없었기 때문에 일부 선비들은 고의로 파직당하여 시골로 내려갔다. 그리고 글을 읽고 쓰면서 정치에서 벗어나 여유로운 삶을 살았다. 서당에서 후진 양성에 힘쓰며 보람을 느끼고, 농부들에게 향약과 두레 정신을 가르치면서 농부들 사이에서 정신적인 지주 역할을 하기도 했다.

그러나 지금은 분명 농경사회가 아니다. 우리는 하루가 다르게 발전하는 21세기를 살고 있다. 게다가 자녀교육비, 아파트 대출금, 차량유지비, 관리비, 집세 등 생활비가 많이 들기 때문에 어떻게든 직장을 다닐 수밖에 없는 현실에 처해 있다. 시골로 내려간다고 해도 단순히 농사를 짓기 위해서가 아니라 창업형 귀농으로 성공해야만 생활을 유지할 수 있다. 또한 도시인이 시골로 내려간다고 해서 옛날처럼 현지인에게 존경이나 환영을 받는 것이 아니다. 철저하게 현지인에 동화되지 않는 한, 시골에서 왕따로 전락할 수도 있다.

그렇다고 해서 미리 모든 것을 단념하고 자포자기하며 살아서는 안 된다. 인생 제2막에 대한 특별한 대안이 없다면 가능하면 오랫동안 직장에서 살아남아야 한다. 시간적인 여유를 벌어서 인생의 돌파구를 찾아야 한다.

모아놓은 돈이나 지금껏 뚜렷하게 해 놓은 것이 없다 하더라도 총성 없는 전쟁터와 같은 직업세계에서 밥벌이를 하며 몸담고 있는 것만으로도 우리는 위대한 승리자다. 직장이라는 정글에서도 살아남았으니 정신만 바짝 차리면 얼마든지 인생 제2막을 준비할 수 있다.

당신은 승리하기 위해 한 수 한 수 돌을 놓는《미생》의 주인공 '장그래'처럼 대단히 역동적이고 능동적인 사람이다. 그리고 새벽까지 출근해서 밤늦게까지 일을 할 정도로 부지런함을 갖추고 있다. 그러니 설령 회사를 나간다고 하더라도 인생 제2막을 준비하지 못할 어떤 이유도 없다.

정글의 서식처에서 먹잇감이 없어지면 대이동하는 동물들처럼, 직장이라는 정글에서 능력자들에게 밀려 먹잇감이 없어졌다고 하더라도, 우리는 언제든지 새로운 정글로 이동해 다시금 터전을 마련할 수 있는 저력과 능력을 갖고 있다.

물론 직장생활을 하면서 좌절과 아픔들을 반복적으로 경험하다 보면 어느 순간부터 자신도 모르게 '주어진 대로 순응하자'라는 사고가 저절로 생겨난다. 과거 도전 정신으로 무장했던 패기는 온데간데없고 도전 정신이 마치 사치품이라도 되는 듯 느껴지기도 한다. 순응은 도전과 응전의 반대 개념이다. 용기가 없으면 순응하고, 순응하면 용기가 사라지게 마련이다. 그래서 일정 부분 연차가 찬 직장인들은 직장생활에 비전이 없어도 '목구멍이 포도청'이라는 변명을 하며 붙박이처럼 조직에 붙어 순응하는 것이다.

그러나 단지 조직에 붙어 있는 것에만 만족하고 순응하기만 한다면 인생 제2막을 준비할 기회를 잃어버리게 된다. 모든 것이 풍족해서 굳이 힘들게 날 이유가 없었던 도도새가 그 날개가 퇴화되어 버렸던 것처럼 지금껏 살아왔던 것보다 더 나은 인생을 충분히 만들어갈 수 있음에도 스스로 그런 기회를 사장시켜 버리는 것이다.

직장생활에 정글의 법칙이 적용된다는 것을 이해하는 것은 어렵지 않다. 문제는 정글 속에서 살면서도 도전 정신을 잃어버리지 않는 것이다. 이것마저 잃어버린다면, 새로운 정글로 이동할 수 있는 힘마저 잃어버리게 된다.

지금부터라도 도전을 즐기며, 새로운 인생 제2막에 도전해보자. 헤밍웨이가 쓴 《노인과 바다》의 주인공 산티아고는 80대의 나이에도 어려운 돛새치 잡이에 성공했다. 커넬 샌더슨은 60대의 나이에 KFC를 창업했다. 나이는 결코 중요치 않다. 도전과 응전의 정신만 살아 있다면 지금의 정글에서 계속해서 살든, 새로운 정글로 이동하든 두려움은 없을 것이다.

한 줄 고전에서 배우는
직장인 필승 전략

子曰, 士志於道而恥惡衣惡食者, 未足與議也.
자 왈, 사 지 어 도 이 치 오 의 오 식 자, 미 족 여 의 야.

– 《논어》 '이인' 편 –

◆　　◆　　◆

공자가 말했다.

"선비가 도에 뜻을 두고도 남루한 옷과 형편없는 음식을 부끄러워한다면
그 사람과 더불어 도를 논할 수 없다."

위기의 순간에 포착하는 기회

스승과 제자가 길을 걸어가다 한 농장 입구에 도착했다. 스승이 농장 한가운데 있는 낡은 집의 문을 두드리자, 그곳에 사는 사람들이 그들을 맞이했다. 그들은 세 아이를 둔 부부였다. 가족은 모두 더러운 누더기 차림을 하고 있었으며, 젖소 한 마리로 생계를 꾸려가고 있었다.

스승은 농장을 떠난 후 돌아가는 길에 제자에게 말했다.

"저 남자의 젖소를 끌고 와 마을 끝에 있는 절벽 밑으로 떨어뜨려라."

"스승님, 하지만 그 젖소는 가족의 유일한 생계 수단입니다!"

스승의 갑작스런 말에 제자가 놀라 물었지만, 제자는 곧 스승이 시키는 대로 농장주인 몰래 젖소를 절벽 밑으로 떨어뜨렸고 젖소는 곧 죽고 말았다.

몇 년이 지난 후, 기업가로 성공한 제자는 예전의 그 농장을 다시 찾아갔다. 농장 가족들에게 젖소를 떨어뜨린 일을 털어놓고 용서를 구하려고 했다. 하지만 놀랍게도 농장은 너무나 아름답게 변해 있었다. 꽃과 나무가 우거지고 차고에는 고급 승용차가 세워져 있었으며, 잘 가꿔진 정원에는 아이들이 뛰놀고 있었다. 예전의 집주인을 만난 그는 어떻게 몇 년 사이에 농장을 훌륭하게 변화시킬 수 있었는지 궁금해서 그 비결을 물었다.

"우리에게는 젖소가 한 마리 있었죠. 하지만 어느 날 절벽에서 떨어져 죽고 말았습니다. 그래서 전 가족을 먹여 살리기 위해 농장에 허브와 채소를 심고 수확기에 열심히 팔아 오히려 더 풍족하게 살 수 있게 되었습니다. 그때 젖소가 절벽에서 떨어진 것이 얼마나 다행인지 모릅니다."

위의 이야기는 알지라 카스틸유의 저서 《절벽에서 젖소를 떨어뜨린 이유》에 나오는 이야기다. 어느 날 갑자기 누군가가 어떤 이유나 설명 없이 우리의 젖소를 떨어뜨린다면, 즉 내 삶에 갑자기 큰 위기가 닥친다면 우리는 과연 어떤 행동을 취하게 될까?

2012년 5월 27일에 방영된 SBS 스페셜 '김성근, 9회말까지 인생이다' 편에서 김성근 감독은 다음과 같이 말했다.

"사람들은 여유를 가지면 안 된다. 언제든지 쫓겨 다녀야 된다. 절박해야 된다. 그래야만 그 속에서 새로운 에너지가 나온다."

그의 철학과 삶의 방식에 동의하지 않는 사람도 많다. 그러나 동서고금을 막론하고 역사적인 위대한 인물들은 절박한 상황에서 좌절하지 않고 뚫고 나가는, 즉 '궁즉통(窮則通)'을 경험했다. 그들은 모두 특유의 뚝심과 긍정적인 마음가짐, 위기를 기회로 바꿀 줄 아는 전략적인 사고를 무기로 삼아 절망적인 상황을 이겨냈다. 그리하여 일반 대중에게 늘 존경과 찬사를 받았다.

12척의 배로 왜선 55척과 맞서 울돌목의 조류 변화를 이용해 명량해전에서 승리한 이순신 장군, 기존 병법의 상식을 깨고 '배수의 진'을 활용해 불과 3만 대군으로 조나라 20만 대군을 격파한 한신 장군 등은 전쟁에서 위기를 기회로 바꾼 대표적인 인물들이다.

경영에서도 위기를 기회로 바꾼 사례는 많다. 존슨앤존슨은 1982년 최고의 간판 상품이었던 타이레놀에 누군가 독극물을 투여해 소비자들이 목숨을 잃는 사건으로 최대 위기를 겪었다. 위기가 발생하자 존슨앤존슨은 모든 타이레놀 캡슐을 리콜(Recall) 처리하고, 신속하고 정확하게 대처했으며, 어떠한 희생을 감수하고서라도 소비자들의 신뢰를 되찾으려고 노력했다. 이러한 그들의 각고의 노력은 잃어버렸던 시장을 되찾고, 소비자들의 신뢰를 회복해 이전보다 더 사랑받는 기업으로 성장하도록 이끌었다. 존슨앤존슨은 발전을 거듭하여 건강 관련 제품 생산업체로 사람들에게 가장 신뢰받는 회사로 우뚝 섰다.

작은 전기회사에 불과했던 '마쓰시타 전기제작소'를 세계 굴지의 대기업 '파나소닉'으로 키워낸 마쓰시타 고노스케. 그는 항상 위기를 기회로 바꾸는 삶을 살아 세계에서 '경영의 신'으로 존경받고 있다.

과거 도요타는 마쓰시타 고노스케가 경영하는 마쓰시타통신공업(현 파나소닉 모바일커뮤니케이션)에 카오디오의 가격을 20퍼센트 낮춰달라고 요청한 일이 있었다. 당시 회사의 관리 담당 직원들은 수익성을 들어 난색을 표명했다. 하지만 마쓰시타 고노스케는 처음부터 안 된다는 결론을 내리는 직원들을 강하게 질타했다. 그는 직원들에게 불가능하다는 생각을 접고 새로운 방법을 찾을 것을 지시했다.

마침내 1년 뒤에는 도요타의 요구대로 납품 가격을 인하하면서도 적정 수준의 이익을 내는 제품을 생산하게 되었다. 큰 폭의 납품 가격 인하라는 문제에 직면한 것이 오히려 전환점이 되어 생산혁명이 일어난 셈이다.

이렇게 절박한 위기 상황을 돌파한 사례들의 대부분은 위와 같이 전쟁에서의 승리나 적자에 허덕이는 기업을 흑자로 전환시킨 경우다. 이런 성공 사례는 자기계발 강연에서도 많이 인용된다. 자기계발에 적극적이거나 진취적인 사람들은 항상 위기가 도래하면 이를 발판삼아 더 큰 성공으로 연결하려고 하는 모습을 볼 수 있다.

하지만 위기 상황을 반드시 성공으로 돌파해야 한다고 생각하는 것은 일종의 고정관념이다. 오히려 이러한 위기 상황을 자신의 것으로 만들어 자신의 작품을 창조할 수도 있고, 자신이 좋아하는 일을 찾아 자신만의 삶을 즐길 수도 있다.

시대의 명저 《군주론》을 쓴 마키아벨리. 그는 이탈리아의 도시국가인 피렌체 공화국에서 장관을 역임하며, 외교와 군사 방면에서 큰 활약을 했다. 이후 스페인의 침공에 의해 피렌체 공화국이 무너지자 공직에서 물러나 독서와 글을 쓰며 지냈는데, 이때 집필한 책이 《군주론》이다.

우리에게 《주홍글씨》와 《큰 바위 얼굴》로 유명한 너대니얼 호손(Nathaniel Hawthorne). 그는 세관에서 근무하다 해고되는 아픔을 겪었다. 이때 부인은 "난 당신이 글쓰기에만 몰두하게 되어 기쁘게 생각해요"라며 그의 창작활동을 격려했는데, 부인의 격려에 감동받은 호손이 발표한 첫 번째 작품이 바로 《주홍글씨》다.

또 《여유당전서》 500권을 쓴 정약용이 있다. 그가 만약 남인이 아니라 노론으로서 중앙 정치에서 승승장구했더라면 그 많은 책을 펴낼 수는 없었을 것이다.

세상을 살다 보면 누구나 위기를 겪게 된다. 세상은 계속 변하게 되어 있고, 위기는 어찌 보면 변화의 한 종류이기 때문이다. 위기가 일반적인 변화와 다른 것은 우리에게 두려움으로 다가온다는 점이다. 그 안에는 분명히 기회가 숨어 있는데, 사람들은 그 기회를 보지 못하고 두려움부터 느낀다. 어떤 사람들은 기회에는 관심을 두지 않고 단지 위험에 처하게 된 자신의 운 없음을 한탄하기만 한다.

중국 전국 시대 때 여섯 나라의 재상을 역임하며 합종론을 펼친 소진은 전국책에서 이렇게 말했다. "옛날에 일을 잘 처리했던 사람은 화를 바꾸어 복이 되게 했고(轉禍爲福), 실패한 것을 바꾸어 공이 되게 했다(因敗爲功)." 어떤 불행한 일이라도 끊임없는 노력과 강인한 의지로 힘쓰면 불행을 행복으로 바꾸어 놓을 수 있다는 의미다.

비 한 방울 없이 햇빛만 비치면 그 땅은 사막이 된다. 마찬가지로 직장에서 위기 없이 계속 순탄하게 모든 일이 진행된다면, 정작 퇴직 후에 어떤 일을 추진할 수 있는 내공을 지니지 못하게 된다. 우리가 직장에서 위기를 겪게 되거나, 명예퇴직의 징후가 보이면 이것은 오히려 인생 제2막을 만들 수 있는 절호의 기회나 마찬가지다. 이 기회를 놓치지 말고 정면으로 받아들여 보자. 오히려 멋진 앞날이 당신을 기다리고 있을 테니 말이다.

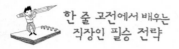

禍兮福之所倚, 福兮禍之所伏, 孰知其極, 其無正,

화 혜 복 지 소 의, 복 혜 화 지 소 복, 숙 지 기 극, 기 무 정,

正復爲奇, 善復爲妖.

정 복 위 기, 선 복 위 요.

- 《도덕경》제58장 -

◆　　◆　　◆

화에는 복이 들어 있고, 복에는 화가 숨어 있다.

누가 그 끝을 알겠는가. 그 바름이 없어 바른 것이 다시 기이해지고,

선한 것이 다시 요사해지는 것이다.

직장 내 왕따를 피하면서
제2막을 준비하는 노하우

직장인은 그나마 안전하게 밥벌이를 하고 있는 현재를 활용해 미래를 준비해야 한다. 현 직장이라는 파이프라인은 사실상 튼튼하지 못하기 때문이다.

그런데 안타깝게도 직장인들에게 인생 제2막에 대한 준비를 하고 있느냐고 물어보면, 대다수는 "그렇지 않다"라고 대답한다. 가장 큰 이유로 시간적인 여유가 없다는 것이다.

개인 시간이 부족한 직장인의 시간 확보 방법으로 '시테크'가 있다. '시테크'는 재테크의 한 형태로, 시간을 돈으로 인식하고 효율적으로 사용하기 위한 구체적인 계획을 세워 관리하는 '시간 경영'을 의미한다.

시간을 확보하는 방법 중에는 제임스 보트킨의 15:4 법칙도 있다. 시작하기 전에 15분 동안 무엇을 할 것인지 생각하면 4시간을 절약할 수 있다는 것이다. 이러한 스마트한 시간 관리 방법도 넓은 의미에서 '시테크'의 일종이라 할 수 있다.

'시테크'는 시간의 양이 아닌 질에 초점을 맞춘다. 자투리 시간과 불필요하게 버려지는 시간을 줄임으로써 기업의 입장에서는 생산성을 향상시키고, 직장인들에게 시간 내에 업무를 마무리할 수 있도록 유도한다. 이로써 직장인들은 자연스럽게 정시 퇴근을 할 수 있고, 그 결과 일과 가정생활의 균형을 유지할 수 있다.

그러나 직장인이 '시테크'를 잘 활용해서 근무 시간에 자신의 업무를 끝내더라도 실제로 개인 시간을 확보하기란 좀처럼 쉽지 않다. 그 이유는 팀원이든 팀장이든 임원이든 직장에서 상사의 눈치로부터 자유로운 사람은 거의 없기 때문이다. 업무상 야근은 자신이 일을 못해서 하거나, 동료 직원의 부탁을 거절하지 못해서 하는 경우도 있지만 이는 극소수다. 오히려 조직의 메커니즘에 의해 울며 겨자 먹기로 야근하는 경우가 다반사다.

일례로, 시급을 다투지 않음에도 불구하고 내일 아침 9시까지 보고서를 자신의 책상에 올리라고 강요하는 직장 상사의 불합리한 지시 때문에, 오전에 지시한 업무의 내용이 오후 들어서 바뀌는 변덕이 많은 상사 때문에 자신이 '시테크'를 잘 활용하더라도 야근은 발생한다. 이는 현재 직장에 몸담고 있는 사람이라면 누구나 공감할 것이다.

　야근 이외에도 상사의 강요된 회식이나, 퇴근 이후의 스크린 골프나 주말의 필드 골프 참석 등으로 개인 시간 확보는 쉽지 않다. 그 밖에 직장 동료의 경조사 참석 때문에 개인 시간이 희생되는 경우도 있다. 이런 상황에서 '내 미래를 준비해야 하기 때문에 참석 불가'라며 딱 거절할 수 있는 직장인은 거의 없다.

　상사가 아닌 동료들의 술 한 잔 요청을 거절하는 것도 결코 쉽지 않다. 직장인은 보통 상사에 대한 뒷담화를 안주 삼아 한 잔을 기울일 때 동료 의식을 느낀다. 이런 요청에 대해 핑계를 대며 한두 번 거절은 가능하겠지만, 거절이 지속되면 조직에서 왕따를 당할 가능성이 크다.

　만일 개인적인 시간 확보를 위해 퇴근 후 술자리 모임에 빠지게 되면 동료나 후배로부터 회사 돌아가는 제반 사정(인사 발령, 조직 개편 등)을 듣지 못함으로써 중요한 정보를 얻지 못할 수 있다. 이는 실시간으로 회사의 생생한 정보를 원하는 상사와도 거리감이 생기는 결과를 가져온다. 이런 상황이 심화될 경우, 사람마다 다르겠지만 일에 대한 의욕이 떨어지고 심하면 우울증에 빠질 수도 있다.

그 밖에 관계를 유난히 중요시하는 한국 특유의 문화 때문에 개인 시간을 내기가 쉽지 않다. 조직 내에서뿐만 아니라 조직 외의 각종 동창회, 향우회, 동호회 기타 가족 모임 등의 모임을 무시하고 살 수는 없다. 때문에 직장인이 개인 시간을 확보하여 인생 제2막을 준비하는 것은 생각처럼 쉽지 않다.

신문 기자에서 억대 수입 작가로 변신한 김태광. 그의 자서전 《천재작가 김태광》을 읽어보면 친구와의 관계 때문에 인생 제2막을 만드는 데 애로사항이 있었던 과거 이야기가 나온다. 다음은 그 내용이다.

나는 신문사 일을 하면서도 책 쓰기는 멈추지 않았다. 출근 전 2시간, 퇴근하고 나서 3시간가량 책 쓰기에 매달렸는데 일과 병행하는 것이라 진도가 더디기만 했다. 나는 어떻게 하면 집필을 좀더 빨리 마칠 수 있을까 고민하다, 가급적 친구들을 만나지 않기로 결심했다.

(중략) 처음에는 친구들과 거리를 두기가 쉽지 않았다. 퇴근 시간이 다가오면 종종 "오늘 한 번 뭉치자"는 전화가 걸려왔다. 그때마다 "오늘 일이 있어서 어렵겠다. 다음에 보자", "오늘 직원들 회식이야" 하고 둘러대야 했다. (중략) 시간이 지나면서 친구들로부터 전화가 뜸해졌다. 아마 그들은 "태광이한테 전화해봤자 또 핑계 대며 안 된다고 할 건데 전화하지 말자"라고 담합을 했을 것이다. 그렇게 나는 친구들로부터 소외되어 갔다.

위의 글처럼 직장인이 퇴근 이후의 시간을 철저하게 자기 자신을 위한 일에만 투자한다면 조직 내에서, 그 밖에 친구 관계에서 소외되는 것은 시간문제다.

이처럼 개인 시간을 강조하다 보면 조직 내에서 왕따를 당하기 쉬운데 어떻게 하면 왕따를 당하지 않고 미래를 준비할 수 있을까?

나는 일주일에 욕심 내지 말고 최소 8시간만 확보하면 인생 제2막의 준비가 가능하다고 본다. 8시간은 평일 퇴근 후 4시간과 주말 4시간을 합한 시간이다.

직장인이 평일 4시간을 확보하는 것은 자신의 의지만 확고하다면 충분히 가능하다. 평일을 5일로 잡았을 때 5일 내내 퇴근 후 개인 시간이 전혀 없는 경우는 드물다. 어느 누구든 회식을 5일 연속으로 할 수는 없다. 특별한 대형 프로젝트 TFT에 속하지 않는 한 야근을 5일 연속 하는 경우도 거의 없다. 그런 경우가 정말 있다면, 그 사람은 이미 간에 무리가 오고 정상적인 근무를 할 체력이 안 되어 휴직을 하고 있을지도 모른다.

또한 경조사가 5일 연속 발생하는 경우도 매우 희박하다. 그러면 아무리 회식과 야근, 경조사가 주중에 있다고 하더라도 주중 하루는 퇴근 후 개인 시간을 확보할 수 있다.

주말 4시간은 평일보다 확보하기가 더 쉽다. 주말을 가족과 함께 시간을 보내야 한다고 하더라도 주말 4시간 확보는 자신이 조금만 의지를 가진다면 어려운 문제는 아니다. 주말도 일요일보다는 토요일이 좋다. 지금은 주5일 근무가 정착되었지만, 2000년대 초반까지만 해도 토요일은 근무하는 날이었다. 당시 직장인뿐만 아니라 학생들도 토요일에는 학교에 나가 4시간 수업을 받았다. 지금도 어학학원은 직장인을 위한 주말반을 개설하고 있는데, 대부분 토요일 오전 4시간 연강으로 되어 있다.

만일 토요일에 새벽 일찍 여행을 가게 된다면 일요일에 4시간은 별도로 인생 제2막의 준비를 하도록 하자. 이것은 분명 자신의 의지에 달려 있다. 아이나 배우자가 아파서 병원에 입원했다거나, 부모가 위독한 상황이라는 특별한 상황이 발생하지 않는 한, 주말 4시간의 개인 시간 확보는 얼마든지 가능하다.

혹시라도 골프 때문에 주말의 4시간 확보가 어려운 사람이 있을 것이다. 그럴 경우 자신이 정한 인생 제2막 아이템과 골프와의 융합을 이루면 주말의 4시간 확보 이상으로 시간을 잘 활용할 수 있다. 김종헌의 저서《남자나이 마흔에는 결심을 해야 한다》에는 '등산을 즐기는 색다른 방법'이 나오는데 융합을 위한 좋은 아이디어를 얻을 수 있을 것이다.

1. 사진 찍기를 즐기기
2. 그림을 그리기
3. 식물 채집을 즐기기
4. 조류 관찰하기
5. 사찰과 암자를 찾으면서 그 뜻을 해석하고 예불 올리기

위와 같이 단순 운동을 위한 등산이 아닌 자신의 취미와 등산을 융합하면 시간 활용을 극대화할 수 있다. 마찬가지로 골프도 자신의 취미와 융합하면 주말 시간을 온전히 자신만의 시간으로 활용할 수 있다. 즉, 주말에 골프를 치러 가게 되더라도 자신이 사진을 좋아하면 골프장 사진 찍기를 즐기면 된다. 그 밖에 자신의 관심사에 따라 골프장 주변의 숲 생태, 식물 등에 관심을 가질 수도 있다. 또는 골프장 인근의 문화재, 재테크를 위한 골프장 주변의 경매 물건에 관심을 갖고 자신의 인생 제2막

을 위한 준비를 할 수 있다.

이처럼 평일 4시간과 주말 4시간을 자신을 위해 투자한다면 1년에 총 416시간이라는 엄청난 시간을 확보하게 된다. 3년이 지나면 1,200시간이 되고, 5년이 지나면 2,000시간이 된다. 이렇게 길게 보고 자신을 위해 투자한다면 조직 내에서 왕따를 당하지 않으면서도 인생 제2막을 준비할 수 있는 충분한 시간을 확보할 수 있다.

세상일은 모두 자신의 마음가짐에 달려 있다. 시간이 없다거나 조직 내 왕따를 당할까 봐 두려워서 제2막의 준비를 못한다는 것은 사실은 아직 절박하지 않기 때문이다. 만약 절박한 상황이라면 어떻게 해서라도 시간을 확보해 정말로 필요한 일에 시간을 투자하기 마련이다.

이제 실제로 절박한 상황에 처하기 전에 지금부터라도 일주일에 8시간은 무조건 자신을 위해 투자해 보자. 일주일에 최소 8시간만 확보하면 직장 내 왕따를 피하면서 인생 제2막을 현명하게 준비해 나갈 수 있다.

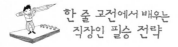
計利以聽, 乃爲之勢, 以佐其外, 勢者, 因利而制權也.
계 리 이 청, 내 위 지 세, 이 좌 기 외, 세 자, 인 리 이 제 권 야.

- 《손자병법》 '시계' 편 -

◆　　◆　　◆

계가 이로우면 이를 듣고 세로 만들어

그 계의 외적인 발휘를 도와야 하는 것이니,

세라는 것은 이로울 수 있도록 형세에 맞게 조종(임기응변)하는 것이다.

최소한 5년은 투자할 수 있어야 한다

현대인은 참을성이 없다. 현대인에게 참을성이 없다는 얘기는 내가 아주 어릴 때 책이나 신문에서도 보고 듣던 이야기다. 30년 전쯤 당시 언론사의 한 논설위원이 칼럼에서 '요즘 어린이들은 참을성이 없다'고 개탄을 했었다. 당시 칼럼은 종이컵과 자판기가 어린이들을 인내라는 단어에서 멀게 만든 주범이라고 주장했다.

실제로 종이컵과 자판기는 공공장소에서 머그컵을 쫓아냈다. 차나 음료를 주문하면 몇 분을 기다려야 했던 70년대 다방 문화와 달리, 80년대에 자판기가 출시되면서 동전만 넣으면 바로 나오는 신속성의 문화가 자리잡았다. 자연스럽게 사람들은 편리함을 추구하게 되고 기다림의 미학을 잊어버리기 시작했다.

80년대 초반 혜성같이 등장한 컵라면도 종이컵이나 자판기 못지않게 대중의 인내력을 사라지게 한 주범이다. 컵라면은 스티로폼에 뜨거운 물만 부으면 3분 만에 맛있는 라면이 우리 앞에 나타난다. 라면을 끓여 먹으려면 찬장에서 냄비를 찾고, 냄비에 물을 담아 가스레인지에 끓여야 하는 번거로움이 있지만, 컵라면은 이런 대부분의 과정을 생략하고 뜨거운 물만 부으면 3분 후 간편하게 먹을 수 있다. 이런 편리성에 익숙해지면서 사람들은 인내력이 약해지기 시작했다.

30년 전 기성세대들이 개탄했던 참을성이 없었던 그 시절의 어린이들은 지금 30대 후반에서 40대 중반이 되었다. 지금의 중년은 이미 어린 시절부터 무엇인가를 하면 빠른 결과를 맛보는 데 익숙해져 있는 세대다. 지금의 40대 초중반의 세대들은 신입사원 때 조금만 마음에 안 들어도 회사를 옮기거나 다른 회사들을 기웃거리는 직장인 사춘기 증후군이나 파랑새 증후군을 앓기 시작했다.

지금의 50~60대의 눈에 참을성이 없어 보이는 40대 초, 중반의 세대가 직장인 10년 차 이상이 되면서 어느덧 회사에서는 가운데 긴 '샌드위치 세대'가 되기 시작했다. 동서고금을 막론하고 40대는 위로부터 눌리고, 아래로부터 치이는 세대다. 인생 제2막에 대해서도 막연하게나마 고민을 한다. 그리고 지금의 50, 60대가 어떻게 살고 있는지 보면서 멋진 노후를 즐기고 있는 사람들을 벤치마킹하기 시작한다.

그런데 문제는 40대는 이전 세대에 비해서 큰 약점을 갖고 있다. 바로 어떤 결과가 나올 때까지 오래 기다리지 못한다는 것이다. 위에서 언급한 바와 같이 어릴 때부터 컵라면과 종이컵, 자판기에 익숙해져 있고, 20~30대 때 인터넷을 경험하면서 어떤 결과가 단기간에 나오지 않으면 이를 참지 못하는 것이다.

행복한 미래는 절대로 단기간에 만들어지는 것이 아니다. 인생에서 로또처럼 한 방에 터지는 것은 없다. 끊임없이 갈고닦고 정진해야만 미래를 준비할 수 있다. 많은 식당이 문을 열기가 무섭게 간판을 내리는 이유도 바로 단기간의 승부에 집착하기 때문이다.

투자의 달인 워런 버핏도 부를 이루기 위해서는 '지력, 창의력 그리고 인내력'을 갖추어야 한다고 강조한다. 재테크에서도 인내력을 강조하는 것처럼, 인생이 걸려 있는 퇴직 후의 삶에 대한 준비는 인내력 없이 진행될 수 없다.

일례로, 자신이 인생 제2막의 꿈을 이루기 위한 구체적인 아이템이 있다고 가정해 보자. 그런데 그것이 당장 수입이 발생하지 않는다면 많은 사람이 이를 포기하고 다른 길을 찾는다. 그결과 그동안 들인 노력과 시간은 허사가 되고 마는 것이다.

인생 제2막을 위해선 반드시 인내력을 갖춰야 한다. 인내력이 없다면 꿈은 자신에게 그저 허상을 좇는 파랑새에 불과하다. 제2막의 꿈을 실현하지 못하고 힘든 제2막을 사는 사람들은 잠시 후의 기쁨보다 지금 당장의 수입만 생각하기에 인생의 꽃을 피우지 못하는 것이다. 자신이 가진 아이템이 당장 수입이 되지 않더라도 인내할 필요가 있다.

물론 인내력만 있다고 해서 장밋빛 인생 제2막이 펼쳐지는 것은 아니다. 때로는 거절할 줄 아는 여유와 난폭한 운명의 돌팔매에 당당하게 맞서는 의지력도 있어야 한다. 주위 사람들의 부정적인 말에 흔들리는 팔랑귀가 되거나 결과가 빨리 나오지 않는다고 조바심을 가져서는 안 된다.

그럼 인생 제2막을 준비하는 데 얼마의 시간이 필요한 것일까?

자신이 준비하고자 하는 제2막의 아이템마다 다르고, 자신이 속한 직장의 업무량에 따라 각자 미래를 준비할 수 있는 시간도 다르다. 다만 앞에서 언급했듯이 1주일에 최소 8시간은 미래를 위해서 투자해야 한다.

자신의 체력이 튼튼하다면 1주일에 12시간 이상을 확보할 수도 있다. 정시에 퇴근할 수 있는 회사에 다니고 있거나, 계약직으로 일하고 있어서 가용할 수 있는 시간이 비교적 많다면 1주일에 16시간 이상도 투자할 수 있을 것이다.

미래 준비와 관련하여 재미있는 연구 결과가 있다.《내 인생 5년 후》의 저자 하우석은 인생을 바꿀 만한 프로젝트를 염두에 두고 계획을 짜야 한다면, '5년'이 최적이라고 주장한다. 그 근거로 다음과 같은 사례를 들었다.

1. 미켈란젤로가 〈천지창조〉, 〈최후의 심판〉과 같은 대작을 완성하는 데 걸린 시간은 4년 6개월.

2. 크리스토퍼 콜럼버스가 신대륙을 발견하려는 원대한 꿈을 꾸고 이것에 대해 투자한 시간은 5년.

3. 셰익스피어가 〈햄릿〉, 〈리어 왕〉, 〈오셀로〉, 〈맥베스〉라는 '4대 비극'을 완성하는 데 걸린 시간은 5년.

4. 정약용이 유배지인 다산 초당에서 《목민심서》와 《경세유표》 등 다수의 책을 저술하는 데 걸린 시간은 5년.

5. 라이트 형제가 무동력 글라이더 제작에서부터 플라이어 3호의 비행에 이르기까지 업적을 달성하는 데 걸린 기간은 5년.

하우석은 위의 제시한 사례 등을 근거로, 인생을 바꿀 만한 프로젝트를 염두에 두고 미래를 준비해야 할 때 그 기간은 '5년'이 최적이라고 주장한다. 1~2년 단위의 미래 준비는 너무 짧은 기간이어서 지속적이고 일관된 실행을 기대하기가 힘들고, 10년을 단위로 인생을 계획하다가는 집중력이 떨어져서 슬럼프에 빠진다는 것을 근거로 든다.

나도 이 주장에 전적으로 동감한다. 어떤 준비도 단기간에 쉽게 빛을 보는 것은 없고, 준비 기간이 길어지면 어느 누구든 매너리즘에 빠지는 것을 피할 수 없다. 따라서 5년을 단위로 우리는 인내력을 가지고 한 걸음 한 걸음 미래를 위한 준비를 밟아나가야 한다.

이렇게 5년의 기간을 잡고 앞으로 계획한 일의 진행 속도나 전망을 고려해서 'BMW'를 짜자. 회사에서 전략을 담당하거나 손익 관리를 해 본 사람은 BMW라는 경영약어를 한 번쯤은 들어봤을 것이다.

BMW는 외제 고급 승용차를 말하는 것이 아니다. 계획한 일의 진척도에 따라 잘 진행되는 경우, 보통인 경우, 진행이 잘되지 않는 경우의 3단계로 나누고 각각을 Best Case, Moderate Case, Worst Case라고 하는데, BMW는 이 3가지 Case에 해당하는 영어의 앞 글자를 따서 만든 단어다.

회사의 전략 보고서에는 물품의 판매량이 많은 경우, 보통인 경우, 적은 경우를 가정하거나 이번 달 손익이 좋은 경우, 보통인 경우, 나쁜 경우로 가정하여 BMW를 작성한다. 회사가 미래의 계획에 대해서 BMW를 작성하듯이, 당신도 인생의 앞날에 대해서 BMW를 작성해 보라.

사람들은 일반적으로 어떤 결과에 대해 집요하게 기다릴 줄 모른다. 지금 씨앗을 심으면 내일 당장 싹이 트기를 바란다. 어릴 때부터 일회용품에 길들여져 있고, 마우스를 살짝 클릭만 하면 원하는 것을 볼 수 있고 찾을 수 있는 환경이 우리를 더욱 그렇게 만들고 있다.

세계적으로 가장 유명한 화가 중의 한 명인 빈센트 반 고흐는 살아 있을 때 팔린 그림이 단 한 점에 불과했다. 하지만 그가 세상을 떠난 지 100년이 지난 지금 그는 최고의 화가로 명성을 날리며 그의 작품은 최고가로 팔리고 있다. 현재 그의 작품은 인류 문화유산으로 인정받고 있다.

우리가 노력을 기울인 일이 당장 좋은 결과를 가져오지 않을 수도 있다. 자신이 계획하는 일들 가운데 열에 아홉은 실패하거나 성과가 미미하게 마련이다. 그렇더라도 스스로를 믿고 포기하지 않고 노력해야 한다. 한 가지 변하지 않는 진실은 땀과 눈물은 절대 배신하지 않는다는 것이다.

회사에서 인생 제2막을 준비하는 것은 당장 좋은 결과가 나타나지 않을 것이다. 하지만 딴 생각하지 않고 묵묵히 5년을 투자한다면 인생 제2막을 위한 든든한 배경이 되어 줄 것이다.

한 줄 고전에서 배우는
직장인 필승 전략

子曰, 歲寒然後, 知松柏之後彫也.

자 왈, 세 한 연 후, 지 송 백 지 후 조 야.

- 《논어》 '자한' 편 -

◆　◆　◆

공자가 말했다.

"날씨가 추워진 뒤에야 소나무와 측백나무가 뒤늦게 시듦을 알게 된다."

베짱이 마인드를 가지라

'천재 한 명이 10만 명을 먹여 살린다.'

이것은 이건희 삼성그룹 회장이 인재경영론을 강조하면서 직원들에게 언급한 말이다. 물론 이 말에 대해 반대 의견도 많은 것이 사실이지만, 기업들은 혁신이나 우수 인재를 이야기할 때 이건희 회장의 말을 종종 인용하곤 한다. 그의 말이 일리가 없는 것은 아니기 때문이다. 하지만 천재 한 명이 그릇된 의사결정을 내리게 된다면 그 파장은 실로 엄청날 것이다.

나는 종종 이건희 회장의 말을 아래와 같이 역으로 해석하곤 한다.

'천재라고 생각되어 뽑은 사람이 의사결정을 잘못하면 10만 명

을 굶길 수 있다.'

실제로 기업 현장에서 일하다 보면, 리더의 잘못된 의사결정으로 인해 크고 작은 손실을 보는 경우가 많다. 예를 들면 CEO가 성장성이 없는 신규 사업에 잘못 진출하면 관련 사업이 통째로 날아가면서 일자리가 갑자기 사라질 수 있다. M&A의 일환으로 타 회사의 주식을 고가에 인수(주식 양수도 방식의 M&A)한 후 피인수된 회사의 주가가 폭락하면 회사의 당기순이익은 일순간에 감소되기도 한다.

이런 경우 회사의 모든 부서는 비상이 걸린다. IR 담당 부서는 주주들의 수많은 항의 전화에 시달린다. 회계 담당 부서는 금번 년도 결산 시 내년의 이익을 조금이라도 선반영하려고 회계 법인을 상대로 온갖 노력을 다한다. 영업 부서에서는 물품하나를 더 팔려고 안간힘을 쓰고, 장기 채권을 조기에 회수하기 위해 거래처에 사정하기도 한다. 총무 관재 부서에서는 유휴 자산을 최대한 높은 가격에 매각하려고 잠재적 매수인을 상대로 협상에 총력을 기울인다.

이 모든 장면은 전쟁 당시 지휘관의 잘못된 진격명령으로 아군이 매복에 걸린 후 매복에서 빠져나오려는 병사들의 모습과 유사하다.

실제로 사극 드라마를 보면 비슷한 장면이 많이 나온다. 장수가 "돌격 앞으로!"라는 명령을 내렸는데 돌격한 곳이 계곡이고 계곡 위 양쪽에서 미리 대기한 적군이 불화살을 쏘아 대고 돌을 끊임없이 떨어뜨리면, 아군 병사들 대다수는 죽음을 면치 못한다. 이때는 아무리 뛰어난 창검술을 지닌 병사도 언덕 위에서 떨어지는 불화살과 돌 앞에서는 속수무책이다.

실제 전쟁에서 이런 사례는 무수히 찾아볼 수 있다. 일례로, 6·25 당시 국군과 UN군의 평양 탈환 이후에는 중공군 개입 우려 때문에 북진을 만류하는 분위기가 지배적이었음에도 맥아더 장군은 북진을 밀어붙이다가 수많은 한국군과 UN군이 중공군에 의해 사망하거나 포로가 되고 말았다.

전쟁과 마찬가지로 기업에서도 경영자의 잘못된 의사결정으로 회사 손익이 악화되면 직원들은 정리해고 될 확률이 높다. 자신이 아무리 뛰어난 창검술을 지닌 병사라도 매복에 걸리면 살아남기가 어렵듯이, 회사 손익의 악화라는 매복에 걸리면 개인의 업무 능력은 살아남는 데 그다지 도움이 되지 못한다. 이때는 그저 운에 맡길 수밖에 없다.

이런 일을 몇 번 겪다 보면 회사에서 일할 의욕이 떨어지는 것이 사실이다. 하지만 월급 받는 직장인으로서 일을 소홀히 할 수는 없으니, 마음을 다잡고 의욕을 유지하는 것이 자신을 위한 길이다.

다만 개미처럼 일만 열심히 하는 것보다는 때로는 베짱이처럼 여유를 부릴 줄도 알아야 한다. 왜냐하면 내가 아무리 열심히 일해도 한 사람의 일은 회사의 존립에 크게 영향을 미치지 않기 때문이다.

꼭 그런 이유가 아니더라도 직장인으로서 개미처럼 사는 것 보다 베짱이처럼 여유를 부리는 것이 정신 건강에도 좋다.

한때 TV에서는 눈물 시리즈가 유행한 적이 있었다. 〈남극의 눈물〉, 〈북극의 눈물〉, 〈아마존의 눈물〉, 〈아프리카의 눈물〉.

그렇다면 '직장인의 눈물'은 어떤가? 좀 더 구체적으로 얘기 해서 승진을 한 직장인이 감동해서 눈물을 흘리는 것을 본 적이 있는가? 나는 10년 이상 직장을 다니는 동안 기업의 꽃이라고 할 수 있는 회사의 임원으로 승진한 사람, 더 나아가 직장인 최 고의 지위인 CEO까지 올라간 사람들조차도 승진의 그 순간 감 동의 눈물을 흘리는 것을 본 적이 단 한 번도 없다.

시야를 다른 곳으로 돌려 보자. 연말의 영화제 시상식에서 수 상 소감을 말하는 연기자, 올림픽에서 메달을 따고 시상대 위에 서 있는 메달리스트, 가요대상에서 1등을 하고 꽃다발을 한 움 큼 받은 가수, 신춘문예 공모전에 당선된 작가들을 생각해 보 라. 그들은 시상의 순간에 감동에 북받쳐서 뜨거운 눈물을 흘린 다. 어떤 이는 펑펑 울기도 하고, 어떤 이는 눈물을 글썽이기도 한다. 그 눈물의 의미나 사연은 물론 각양각색이다.

반면, 직장에서 승진한 사람은 승진 발표를 듣는 순간 감동의 눈물을 흘리지는 않는다. 또한 승진의 감동을 발표하는 사람도 없다. 직장에서 승진에 대한 경쟁률이 연기대상 수상 경쟁률보 다 낮아서 그런 것일까? 결코 그렇지 않다. 뉴스나 신문을 살펴보면 직장에서의 승진이 결코 거저먹기로 이루어지는 것이 아님을 알 수 있다.

2011년 10월 한국경영자총협회가 전국 254개 기업을 대상으로 설문조사해 발표한 '2011년 승진·승급 관리 실태조사'에 따르면, 대졸 신입 사원이 임원이 되는 데는 평균 21.2년이 걸린다. 또한 신입사원이 임원이 될 확률은 대기업의 경우 0.6퍼센트, 중소기업은 6.8퍼센트, 평균 0.8퍼센트로 평사원으로 입사해 임원이 되는 것은 정말 하늘의 별따기나 마찬가지임을 알 수 있다.

회사에서 임원이 되기 위해선 수없이 많은 상사의 질책을 묵묵히 견뎌야 하고, 동료들의 견제와 질투심도 이겨내야 하며, 때로는 후배들의 건방진 언사도 참을 수 있어야 한다. 그 밖에 주말 골프 접대나 회사 비상 상황 시 출근 등 자신의 가족과 보내야 할 행복한 주말 시간을 전적으로 희생해야만 회사 임원이 될 확률이 높다. 이렇듯 회사 임원 승진은 어찌 보면 직원의 아름다운 고통의 산물이다.

하지만 그렇게 힘들게 올라간 자리임에도 불구하고, 그 어느 누구도 그 자리에 올라서는 순간에는 감격의 눈물을 흘리지 않는다. 눈물을 흘리지 않는 것은 그래도 봐 줄 만하다. 어떤 임원은 승진의 대가로 근로기준법상의 보호를 더 이상 받을 수 없는 계약직으로 전환되었다고 걱정부터 늘어놓는다.

자본주의는 근본적으로 소유를 전제로 하고 있다. 연기 대상, 올림픽 메달, 저서, 자신의 이름이 명명된 그림 등은 자기 자신을 완전히 몰입함으로써 얻어낸 생산물이다. 또한 자신의 이름 석 자를 온전히 드러낼 수 있는 퍼스널 브랜딩의 중요한 도구다.

반면, 직장인은 아무리 높이 올라가도 근본적으로 기계 안에서의 톱니바퀴, 크리스마스트리의 전구 신세를 벗어날 수 없다. 단지 급이 더 올라가는 톱니바퀴, 전구에 불과할 뿐이다. 퍼스널 브랜딩을 할 수 없음은 물론, 자신만의 온전한 생산물도 없다.

내가 개미처럼 열심히 일하는 것보다 베짱이처럼 여유가 필요하다고 강조하는 이유는 간단하다. 단 한 번뿐인 내 인생, 청춘의 모든 것을 회사 일에 바친다 해도 내면의 감동이 따라오지 않기 때문이다.

그렇다고 승진의 가치를 폄하하는 것은 절대로 아니다. 임원 이상으로 승진하면 상당히 높은 보수, 자신만의 공간 제공, 차량 지원, 전담 비서 배치 등 평직원과는 비교도 안 되는 복리후생이 제공된다. 또한 중요한 일을 직접 진두지휘함으로써 본격적인 리더십을 발휘할 기회를 얻는다.

만일 임원으로 승진하는 것을 가치 없다고 폄하한다면 그것은 일종의 현실 도피에 불과하다. 다만, 개미처럼 열심히 일했음에도 불구하고 임원으로 승진하지 못하면 마치 인생이 망가진 것처럼 자책하는 사람이 많은데 이들한테는 개미보다는 차라리 베짱이 같은 인생을 사는 것이 정신 건강에 좋다고 귀띔해 주고 싶다.

요즘 초등학생들은 고전을 곧이곧대로 해석하지 않는다. 우리가 어릴 때부터 알고 있는 이솝우화 '개미와 베짱이' 편도 현대적으로 다르게 해석한다. 실제로 산업화 시대가 막을 내리고 정보화 시대로 재편되면서 산업화 시대의 고정관념을 깨기 위해 어린이를 대상으로 한 반전 동화가 유행이다. 시중에는 아이들의 논술 사고력을 키우는 반전 동화로 《베짱이의 노래가 필요해》라는 책이 있다. 이 책은 개미와 베짱이의 이야기를 나열하고 맨 마지막에 각자의 상상대로 개미와 베짱이가 어떻게 변했는지 적어 보도록 구성되어 있다.

고전의 이야기를 현대적으로 재해석하는 것이 시대의 트렌드로 바뀌고 있는 것처럼, 직장인도 신입사원 시절 오리엔테이션에서 들었던 이야기에 너무 얽매이지 말고 발상을 전환할 필요가 있다.

개미처럼 일하는 것이 결코 최고는 아니다. 때로는 베짱이처럼 여유를 부리는 것이 정신 건강에 좋고, 인생 제2막 준비를 위한 체력을 비축하는 데도 좋을 수 있다. 지금 직장인에게 필요한 것은 고전을 재해석할 수 있는 능력이다.

한 줄 고전에서 배우는
직장인 필승 전략

天長地久, 天地所以能長且久者, 以其不自生,

천 장 지 구, 천 지 소 이 능 장 차 구 자, 이 기 부 자 생,

故能長生, 是以聖人後其身而身先, 外其身而身存.

고 능 장 생, 시 이 성 인 후 기 신 이 신 선, 외 기 신 이 신 존.

非以其無私邪. 故能成其私.

비 이 기 무 사 사. 고 능 성 기 사.

-《도덕경》'제7장'-

◆　　◆　　◆

하늘은 영원하고 땅은 변치 않는다.

하늘이 영원하고 땅이 변치 않는 이유는 스스로 살려고 애쓰지 않기 때문이다.

그러므로 영원히 살 수 있다.

성인은 자신을 뒤에 두기 때문에 앞에 서게 되고, 자신을 잊기 때문에 존재한다.

그에게 사사롭고 간사한 마음이 없기에 능히 그 이익을 얻을 수 있다.

이직이냐, 잔류냐
그것이 문제로다

'강한 자가 살아남는 것이 아니라 살아남은 자가 강한 자다.'

최근 들어 이 말이 직장인들 사이에서 회자되고 있다. 현실을 살펴봐도 회사에서 승승장구하며 조기 승진한 직원이 또래들보다 일찍 퇴사하는 현상이 일반화되면서 조기 승진을 후회하는 경우가 빈번하다.

특히 회사의 별이라 할 수 있는 '임원'을 동기들이나 비슷한 연차의 선배보다 먼저 달게 되면 부사장 이상으로 올라가지 않는 한, 조기 승진의 후유증으로 나중에 임원을 단 동기들보다 먼저 회사를 나가게 된다. 후배들은 이런 상황을 지켜보면서 많은 생각을 하게 된다. 우리나라도 고령화가 심화되고 일본식 장기불황의 지속이 예상됨에 따라 직원들의 희망 사항은 승진보다는 직장에서 '가늘고 길게' 살아남는 생존으로 변했다.

　실제로 스포츠계를 보면, 화려하지는 않지만 후보 선수로 묵묵히 현역 생활을 오래 지속하는 선수들이 있다. 과거에는 비주전 선수들이 언론에 나오는 일은 극히 드물었지만, 요즘은 이런 후보 선수들에 대해서도 언론이 스포트라이트를 보내고 있다.

　LG 왼손투수 류택현은 느린 공으로 짧은 이닝을 소화한다. '속도'와 '길이'를 중시하는 프로야구에서 그만의 방식으로 살아남았다. 이제 류택현이 마운드에 오를 때마다 프로야구 기록이 바뀐다. (중략) 류택현은 1971년생이다. 현역 중 최동수(LG)와 최향남(KIA)이 류택현의 동갑내기 친구다. 그들은 모두 2군에 있다. 조카뻘 되는 후배들과 경쟁하고 있다.

　류택현은 "내겐 하루하루가 소중하다. 올해가 가기 전 900경기 등판 기록을 세우고 싶다"고 말했다. 그는 투수 부문 역대 최다 출장 기록(9일 현재 872경기) 보유자다.

　－ '한 명만 잡는다. 42세 류택현은 필승 불펜', 〈중앙일보〉(2013년 7월 10일),

김주희 기자

　프로 스포츠 선수 이외에도 영화배우나 탤런트의 세계를 잘 살펴보면 주연이 아니어도 조연으로 오랜 연기 생활을 이어가는 사람들이 있다. 그리고 이런 조연 배우는 화려한 주연 배우보다 더 많은 영화나 드라마에 출연한다. 회사에서도 주연보다는 조연으로 근무하면서 장기근속을 목표로 삼는 직원이 늘어나고 있는 실정이다.

내가 아는 L 부장은 평생 팀장이나 임원이 될 생각 없이 퇴직 때까지 부장으로 근무하기를 소망한다. 이런 사람들은 휴가를 쓰는 것도 능력 있는 직원보다 상대적으로 자유롭다. 능력 있는 하이퍼 직원은 회사의 중요한 이슈가 발생하거나 대형 프로젝트를 수행해야 할 때 항상 높은 분들로부터 호출을 받는다. 그래서 하이퍼 직원은 휴가를 자신이 원하는 날짜에 쓰기가 쉽지 않고, 법적으로 보장된 휴가 날짜를 모두 쓰는 것도 사실상 불가능하다.

반면, 평생을 한직에서 보내려고 마음먹은 L 부장은 자기가 원하는 날짜에 휴가를 낸다. 휴가 장소도 일반인은 가기 어려운 히말라야 트레킹을 다녀오곤 한다.

물론 승진에 욕심을 내지 않고 한직에만 머물러 있겠다고 여유를 부릴 수 있는 것은 재무적으로 상당히 탄탄한 회사를 다닐 때에만 가능하다. 회사의 운명이 오늘내일하는 불타는 갑판이거나, 회사의 당기순이익이 계속 감소 추세에 있다면 이러한 여유는 사치일 뿐이다.

한편, 회사의 재무상황이 악화되면 직장인들은 흔히 이직을 고려한다. 물이 맑지 않아 먹이가 부족하면 물고기가 맑은 물로 이동하는 것은 자연의 섭리다. 마찬가지로 월급이 체납되거나 월급봉투가 계속 얇아져서 이직을 고려하는 것은 직장인의 본능이다.

　다만 물의 수질이 일시적으로 나빠지거나, 수질이 회복될 기미가 분명히 있는데도 이직만을 고려하는 것은 때로는 어리석은 행동이 될 수 있다. 특히 직장 상사와의 갈등이나, 다니는 회사가 다른 회사에 합병됨으로써 승진길이 막혔다는 이유로 이직하는 것은 더더욱 어리석은 행동일 수 있다.

　2013년 3월 KBS 2TV에서 진행하는 '해피투게더' 프로그램에 인기 개그맨 박준형과 정종철이 출연한 적이 있다. 이들은 해당 프로그램에서 '개그콘서트'를 떠난 이유와 그 이후의 생활에 대하여 솔직담백하게 이야기했다. 당시 방송 내용은 직장인에게 시사하는 바가 크다.

　박준형, 정종철은 한때 '개그콘서트'에서 차지하는 비중이 60퍼센트에 이를 정도로 인기 있는 개그맨이었다. 그들은 인기가 절정에 달했을 때 KBS의 '개그콘서트'에서 하차한 후 타방송사의 '개그투나잇', '개그야'에 출연했다. 하지만 이동 이후에는 예전만큼의 인기를 되찾지 못하고 있다.

　원인은 그들의 개인 브랜드가 조직의 브랜드를 앞서지 못하기 때문이다. 개그맨들은 연차가 차면 예능 프로그램으로 방향을 전환하는 것이 일반적이다. 하지만 그들은 선배 개그맨들과 다르게 개그프로그램 출연을 계속했다. 아쉽게도 그들이 출연한 개그프로그램은 '개그콘서트'의 브랜드보다 약하다. 현재까지 TV 시청자들은 개그맨의 개인 브랜드보다 개그 프로그램이라는 조직의 브랜드를 보고 채널을 선택한다.

박준형과 정종철은 직장인들에 비하면 뛰어난 개인브랜드를 갖고 있다. 반면, 직장인들은 자신만의 브랜드가 없이 자신이 속한 조직의 브랜드에 묻혀 사는 경우가 대부분이다. 개인 브랜드가 뛰어난 개그맨이라 해도 조직의 브랜드를 이기기는 쉽지 않다. 그런데 이들보다 약한 개인브랜드를 갖고 있는 직장인이 조직의 브랜드를 뛰어넘는다는 것은 굉장히 어렵다.

만일 당신이 이직을 하고자 한다면 급여보다 조직의 브랜드를 고려하는 편이 더 나은 선택이 될 수 있다. 다만 10년 차 이상의 직장인이 이직할 때 현 조직의 브랜드보다 더 뛰어난 브랜드를 지닌 조직에 들어갈 가능성은 현실적으로 희박하다. 개그맨이 개그프로그램에서 예능프로그램으로 옮기듯이 아예 다른 직종으로의 전업이라면 모르겠지만, 현재 수행하고 있는 업무를 이직하는 회사에서도 동일하게 수행해야 한다면 이직보다 현 회사에 잔류하는 편이 더 낫다.

실제로 2013년 5월 취업포털 커리어가 최근 회사를 옮긴 전력이 있는 직장인 212명을 대상으로 설문조사를 한 결과, 이직한 사람의 47퍼센트는 그만둔 회사에 재입사하는 것을 긍정적으로 생각하는 것으로 나타났다. 직장인들이 옛 회사에 재입사를 고려하는 이유로는 '함께 일하던 동료들이 좋아서 업무 진행이 잘 되었기 때문'(38퍼센트)이 많았고, '다른 회사보다 업무가 쉬워서'(29.0퍼센트), '내가 가진 스펙과 경력에 맞는 회사가 없어서'(19.0퍼센트) 등의 순으로 나타났다.

이런 다양한 요소들을 종합적으로 고려해 보면, 이직 대신 회사에 잔류해서 인생 제2막을 준비하는 편이 어쩌면 효율적일 수 있다. 비록 회사에서 인정을 받지 못해 자존심이 상하더라도 무턱대고 이직을 고민해선 안 된다. 기껏 이직을 했는데 그곳이 전 직장보다 못하다면 그 괴로움은 배가 될 것이다. 갈곳 없는 낙동강 오리알 신세, 메뚜기 신세로 전락하게 되는 것이다.

물론 자신이 명예퇴직 명단에 오른다면 당장의 생활을 위해서 이직을 고민해야 한다. 하지만 그런 경우가 아니라면 회사에 잔류하면서 개인 시간을 최대한 확보해야 한다. 개인 시간에 미래에 대해 깊이 고민해 보면서 인생 제2막에 대한 대안을 찾아야 한다. 그렇게 할 때 자신이 생각지도 못한 곳에서 인생 제2막의 씨앗을 발견할 수 있다.

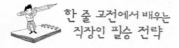

한 줄 고전에서 배우는
직장인 필승 전략

我有三寶, 持而保之, 一曰慈, 二曰儉, 三曰不敢爲天下先.

아 유 삼 보, 지 이 보 지, 일 왈 자, 이 왈 검, 삼 왈 불 감 위 천 하 선.

- 《도덕경》 '제67장' -

◆　◆　◆

나에게는 세 가지의 보배가 있다. 나는 이것을 꽉 붙들고 소중하게 지킨다.

첫째는 인자한 것이요, 둘째는 검소한 것이요,

셋째는 감히 앞서려 하지 않는 겸허함이다.

해고를 인생의 터닝포인트로 삼으라

남해의 외딴섬인 죽도에 17명의 부도 중소기업인이 모였다. 절망의 끝에서 도망치듯 죽도로 들어간 사람들이다. 그들은 한 달간 죽도에서 합숙 생활 끝에 좌절의 나락에서 벗어나 다시 세상에 맞설 용기와 희망을 얻었다.

위의 이야기는 2012년 7월 SBS 스페셜 '사장의 눈물' 편에 방영된 것이다. 이 프로그램에 나온 중소기업인들은 모두 부도를 맞아 자신의 삶을 송두리째 날린 사람들이다. 집이 경매로 넘어가면서 가족이 뿔뿔이 흩어진 이야기, 사업에 실패한 아들의 빚을 갚아주기 위해 팔순의 나이에 관광버스에서 일하는 노부부의 이야기 등 가슴 아픈 사연들이 소개되었다.

온갖 고생 끝에 일군 기업이 부도가 났을 때의 고통은 직장인이 해고당했을 때의 수준과는 비교가 안 될 것이다. 그럼에도 재기하겠다며 두 주먹을 불끈 쥐는 모습을 보고 있자니 직장인으로서 경외감마저 들었다.

주위에 권고사직 등의 해고를 당한 후 마치 시한부 인생을 사는 사람처럼 좌절과 절망 속에서 사는 이들이 있다. 그들은 자신을 내쫓은 회사를 저주하며 술로 하루하루를 달랜다. 이는 자신의 처지를 더욱더 바닥으로 떨어뜨리는 행동일 뿐이다.

나는 퇴직 후 극심한 우울증이나 대인기피증을 앓는 사람들을 보면서 한 가지 사실을 발견했다. 거듭 승진에서 미끄러지거나 한직을 전전했던 평직원들보다 회사에서 승승장구하다 퇴직한 사람들이 퇴직 후 우울증을 더 심하게 앓는다는 것이다. 회사에서 누릴 만큼 누린 그들이 고통스러워한다는 사실은 아이러니가 아닐 수 없다.

지인 중에는 퇴직을 염려해 아예 승진을 거부하는 이도 있다. 언제까지나 과장으로 지내다가 퇴사하고 싶다는 것이다. 정말 울 수도, 웃을 수도 없는 현실이다. 그럼, 인생 최대의 위기인 직장에서의 해고를 인생의 터닝포인트로 활용할 방법은 없을까?

나는 이 책을 쓰기 위해 많은 직장인을 만났다. 물론 현직에 몸담고 있는 이들도 있고, 퇴사해서 또 다른 인생을 살아가는 이들도 있다. 이들을 보면서 해고를 인생의 터닝포인트로 삼기 위해선 3가지가 필요하다는 사실을 알 수 있었다

첫째, 높은 역경지수(AQ; Adversity Quotient)다.

중국 항우의 예를 들어 보겠다. 항우는 기원전 232년에 출생하여 기원전 202년 스스로 생을 마감했는데, 비록 30년의 짧은 기간이지만 그 기간 동안 한나라 유방과 천하통일을 위한 건곤일척의 싸움을 벌인 유명한 장군이다.

그가 유방에게 패한 이유를 역사가들은 포용력 부족, 오만, 독선 등으로 꼽는다. 하지만 내 생각은 조금 다르다. 그의 패인은 그가 '온실 속의 화초'처럼 나약한 성격을 가졌던 탓이다.

항우는 해하 전투에서 유방에게 패하여 모든 군사를 잃었지만 그 자신은 명마를 보유했기 때문에 혼자서라도 강을 건너 탈출할 수 있었다. 또한 나이가 30대 초반이었기 때문에 언제든지 재기가 가능했다. 그러나 그는 재기를 선택하지 않고 스스로 생을 마감했다.

그가 그런 극단적인 선택을 한 배경은 여러 가지 원인이 있었다. 하지만 가장 큰 원인은 그가 역경을 겪어보지 못한 사람이었기 때문이다. 그는 출신성분이 뛰어나고 힘까지 장사여서 수많은 전투에서 패전 없이 성공가도만 달렸다. 요즘으로 따지면 부잣집 부모의 재정 지원을 충분히 받으면서 머리도 좋아서 항상 1등을 놓치지 않는 수재이자 모범생인 셈이다. 이것이 역으로 항우에게는 치명적인 약점이 되었다. 너무 성공가도만 달리다 보니 패배를 딛고 일어설 만한 내재된 힘이 없었던 것이다.

미국의 커뮤니케이션 이론가 폴 스톨츠에 따르면, 인간에게는 세 가지 필요한 지수가 있다. 지성지수 IQ, 감성지수 EQ, 역경지수 AQ가 그것이다. 역경지수는 역경에 굴하지 않고 목표를 성취하는 능력을 가리키는데, 폴 스톨츠는 AQ가 높은 사람이 IQ나 EQ가 높은 사람보다 성공할 확률이 높다고 말한다.

결국 항우는 AQ가 낮은 사람인 반면, SBS 스페셜에 나온 중소기업 사장님들은 AQ가 높은 사람들이라 할 수 있다.

우리는 해고를 당했거나 언젠가 해고를 당하더라도 항우처럼 AQ가 낮은 사람이 될 것이 아니라, 언제든지 권토중래(捲土重來)를 꿈꾸며 오뚝이처럼 일어서는 사람이 될 수 있는 힘을 길러야 한다. 즉, AQ를 높인다면 언제든지 자신이 원하는 새로운 일을 할 수 있을 것이다.

둘째, 고령화 시대에 대한 감사하는 마음이다.

대부분의 사람은 인생 제1막을 살 때 자신이 원하는 것이 무엇인지, 자신의 강점이 무엇인지 잘 알지 못한다. 직장을 어느 정도 다니게 되면 누구나 다음과 같은 생각이 들게 된다. '이 일은 내 적성과 맞지 않아.' '정말 나에게 맞는 일을 하고 싶다.' 그런데 안타깝게도 주변에는 지금 하는 일이 자신과 맞지 않음에도 밥벌이 때문에 어쩔 수 없이 계속 하는 사람들이 대부분이다.

예전에는 70세까지만 살아도 장수했다고 말했다. 따라서 인생 제1막을 마치면, 삶을 마감할 때까지 10년 또는 20년이라는 짧은 시간이 남아 있었기 때문에 자기가 원하는 일을 할 수 있는 시간이나 기회가 적었다.

반면, 지금은 예전에 비해 수명이 훨씬 길어졌다. 그런데 거꾸로 직장생활을 할 수 있는 기간은 극히 짧아졌다. 인생 제1막을 마치더라도 삶을 마감할 때까지는 적게는 30년, 길게는 50년이라는 긴 시간이 남아 있다. 준비되지 않은 은퇴가 축복이 아닌 재앙이 되는 이유가 여기에 있다.

행복한 제2막을 맞이하려면 자신이 어떤 일을 좋아하는지, 강점이 무엇인지 제대로 파악하고 있어야 한다. 이것은 제1막을 살 때 치열하게 살았다면 저절로 알게 된다. 자신에 대해 제대로 알고 있는 사람에게 고령화 시대는 오히려 인생 역전의 기회가 된다. 자신의 강점을 활용할 시간이 많이 남아 있기 때문이다. 따라서 해고에 대해 어떤 패러다임을 가지느냐에 따라 해고를 인생의 터닝포인트로 삼을 수 있는 승패가 결정된다.

셋째, 떠나는 직장과 좋은 관계를 유지해야 한다.

회사를 퇴직하면 "회사를 향해 소변조차 누지 않겠다"라고 말하는 사람들이 꽤 있다. 하지만 인생 제2막의 기회는 과거의 직장일과 직장 동료들로부터 생겨나는 경우가 적지 않다. 대다수의 창업자는 업종과 상관없이 회사에서의 업무 경험과 인맥을 활용한다. 만일 당신이 퇴직 후 창업할 경우 누구에게 초대장을 돌리겠는가? 1순위는 가족, 2순위는 친구, 3순위는 아마도 친하게 지냈던 직장 동료가 될 것이다.

당신이 연극이나 공연 등 예술 활동을 하더라도 가족, 친구 외 전 직장 동료들에게도 한 번쯤은 관람을 부탁할 것이다.

이혼한 부부의 경우는 어떻게 살을 맞대고 살았는지 상상이 안 될 정도로 나쁜 감정을 표출하는 경우가 많다고 한다. 하지만 직장을 자발적으로 퇴직하든 강제로 퇴직을 당했든 간에 이혼하는 심정으로 나오면 안 된다. 서운한 감정이 떠오르면 곧바로 생각을 바꿔 좋았던 기억, 감사했던 일을 떠올리는 노력이 필요하다. 살다 보면 언제, 어디서, 누구를 만날지 모르기 때문이다.

특히 인생 제2막에서 성공한 사람들 중에는 전 직장과의 관계가 좋은 사람이 많다. 무슨 일을 하더라도 전 직장의 도움을 받을 수 있으면 그만큼 성공 확률이 높아지게 마련이다.

누구나 퇴직은 피할 수 없는 일이다. 경우에 따라서는 해고를 당할 수도 있다. 다만 어떤 방식이든 퇴직은 온전히 새로운 선택을 할 자유가 주어지는 전환점이다. 퇴직 전에는 가장이라는 위치에 충실해야 하는 의무감이 자아실현의 욕구를 억누른다. 하지만 퇴직 후에는 이전에 이루지 못한 꿈을 실현할 수 있는 시간이 생긴다.

화가가 꿈이었던 사람은 새롭게 창작활동을 시작할 수 있다. 과거 작가의 꿈을 간직하고 있는 사람은 책을 써서 자신을 알리고 강연활동이나 칼럼기고로 새로운 수입원을 창출할 수 있다.

이렇듯 자신이 원하는 것이 무엇인지를 알게 된다면 수단과 방법은 자연스레 찾게 된다. 그러므로 우리는 직장에서의 해고를 인생의 종지부를 찍는 절망의 패러다임으로 바라볼 게 아니라 새로운 인생을 선택할 수 있는 기회로 재정립할 필요가 있다.

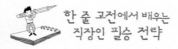

故有無相生, 難易相成, 長短相較,
고 유 무 상 생 , 난 역 상 성 , 장 단 상 교 ,

高下相傾, 音聲相和, 前後相隨.
고 하 상 경 , 음 성 상 화 , 전 후 상 수 .

– 《도덕경》 '제2장' –

◆　　◆　　◆

그러므로 있는 것과 없는 것은 서로가 낳는 것이고,

어렵고 쉬운 것이 있고, 길고 짧은 것은 형태를 드러내어 서로 비교되기 때문이며,

높고 낮은 것이 서로 기울어지고, 음과 성은 서로가 있어야 조화를 이루고,

앞과 뒤는 앞이 있어야 뒤가 따르는 것이다.

인생의 책장을 너무 일찍 덮지 말라

2011년 우리는 한 시대를 풍미했던 야구스타 두 사람을 잃었다. 1984년 한국시리즈에서 홀로 4승을 책임졌던 최동원 감독과 정교한 타격으로 천재 타자라는 타이틀을 얻었던 장효조 감독이다. 한창 지도자로서 후배들을 이끌어야 할 두 사람이 젊은 나이에 갑자기 세상을 떠나자 많은 야구인과 팬은 한동안 충격에서 헤어나지 못했다.

운동선수는 일반인보다 건강하다는 것이 사회적인 통념이다. 젊었을 때 운동으로 다져진 체력은 중년 이후의 삶을 활기차게 사는 데 큰 도움이 된다. 그럼에도 불구하고 최동원과 장효조는 많은 이의 아쉬움을 뒤로하고 조금 일찍 세상을 떠나고 말았다. 조기 사망한 이유는 여러 원인이 있을 것이다. 전문가들은 그중

하나로 '야인 스트레스'를 꼽는다. 이는 직장인들도 생각해 볼
만한 점이다.

장효조 삼성 2군 감독에 이어 1주일 시차로 최동원 전 한화 2군
감독이 14일 암 투병 끝에 세상을 등지면서 안타까움과 함께 적
지 않은 충격을 주고 있다. 일반인보다 건강 체질이 분명한 스타
스포츠인들이 50대에 암으로 타계했다는 사실 때문이다.

프로야구 초창기 홈런왕으로 이름을 날렸지만 지도자의 꿈을
접고 강단에 서 있는 김봉연(전 해태 선수) 극동대 교수는 고인들
이 일찍 세상을 등진 원인 중 하나로 '야인(野人) 스트레스'를 지
목했다.

김 교수는 15일 "고인들이 스타플레이어로 한 시대를 풍미했
지만 지도자로서는 자신의 '이름값'을 보여주지 못한 데 대한 스
트레스가 컸을 것"이라며 "야인으로서 겪는 스트레스는 이루 말할
수 없다"고 말했다. 자신의 경험에서 나온 진단이다. (중략)

현재 프로야구 8개 구단과 출범을 준비 중인 NC소프트까지 9
개 구단의 감독들은 모두 장 전 감독의 후배들이고 최 전 감독과
는 동년배이거나 후배들이다. 이들 중 현역 시절에 고인들보다 명
성을 날린 선수는 없다.

현역 시절의 드센 '자존심'은 이들을 쉼 없이 노력하는 스타로
만들어 주었지만, 야인 시절에 여전히 남아 있는 '자존심'은 스스
로를 옥죄는 스트레스로 돌아왔다고 볼 수 있다.

– '장효조·최동원 극심한 야인 스트레스에', 〈문화일보〉(2011년 9월 15일),

엄주엽 기자

　자존심이 없는 사람은 없지만 자존심을 강하게 가질수록 누구도 아닌 자기 자신만 외롭고 힘들어진다. 앞에서도 언급했지만 항우가 일찍 생을 포기한 것도 결국 자존심 때문이다. 강한 자존심은 때로는 독이 될 수 있다. 그래서 요즘 40대 이상을 타깃으로 하는 책들은 중년 이후에는 자존심을 내려놓으라고 권한다.

　나는 또래의 중년들에게 "이제 그만 자존심을 버리고 자존감을 높여야 한다"라고 강조한다. 자존심과 자존감은 분명히 다르다. 자존감은 '자신이 사랑받을 만한 가치가 있는 소중한 존재이고, 어떤 성과를 이루어 낼 만한 유능한 사람이라고 믿는 마음'을 말한다. 교회 찬송가 중에는 '당신은 사랑받기 위해 태어난 사람'이라는 노래가 있다. 자존감은 나는 사랑받기 위해 태어난 특별한 사람이라고 여기게 하는 마음이라고 보면 된다.

　자존감이 높은 사람은 위 찬송가 제목처럼 스스로를 사랑한다. 높은 자존감은 시련과 역경을 당하더라도 이를 딛고 일어서게 하는 힘을 준다. 다시 시작하는 힘의 원천이 바로 자존감이다. 나이가 들어도 자존감이 높은 사람은 절대 타인과 비교를 하지 않는다. 그 대신 자신이 이제까지 쌓아올린 재능과 능력으로 더 가치 있는 일에 매진한다. 그리하여 인생의 후반부를 누구보다도 멋지게 산다.

운동 경기는 대부분 전반과 후반으로 나뉜다. 축구, 핸드볼, 필드하키 등은 전체 경기 시간의 한가운데 하프타임이 있다. 야구, 배구, 테니스 같은 운동은 경기 시간이 유동적이어서 어느 시점을 하프타임이라고 하기에는 애매하긴 하지만 대략 경기 중반 시점은 알 수 있다.

어찌 되었든 간에 운동에서는 하프타임 이후가 중요하다. 운동 경기는 늘 역전이 있기 때문이다. 인생도 예상 평균 수명을 잡으면 전반이 있고 후반이 있을 것이다.

인생의 전반전은 학교생활을 통해 배운 지식으로 경기를 치르는 경우가 대부분이다. 그렇다 보니 전반전은 자신이 가진 지식보다 졸업한 학교의 브랜드 가치가 좌우하는 영향력이 지대하다. 하지만 후반전은 다르다. 후반전은 자신이 알고 있는 낡은 지식을 써먹을 수 없는 세상일 수도 있고, 학벌이 통하지 않는 세상일 수도 있다.

요즘 같은 조기 퇴직 시대의 40대는 운동 경기의 하프타임 위치에 서서 후반전을 맞이하는 감독과 다를 바 없다. 따라서 인생 제2막의 후반전을 멋지게 시작하기 위해선 하프타임을 잘 활용해야 한다.

월드컵의 스타 히딩크 감독은 축구 경기의 승리를 위해서 하프타임을 잘 활용했다. 전반전에 잘 뛰었든 그렇지 못했든 간에 후반전을 새로 시작할 수 있도록 선수들을 잘 다독이고, 중요한

전략도 전반전보다는 후반전에 활용한 경우가 많았다.

인생에서도 하프타임이 중요하다. 예전과는 달리 은퇴 이후의 삶이 길어진 만큼 이에 대한 준비가 반드시 필요하다. 은퇴를 앞두고 있거나 은퇴를 한 직후가 바로 하프타임이 될 수 있다. 더 나아가 조직에서 인정을 받지 못하면, 즉 앞의 제1장에서 언급한 회사에서의 위기 징후가 보이면 그때가 바로 하프타임이 될 수 있다. 그 시기에 회사에서 인정받지 못한다고 조급해하지 말고 남은 이십 년 혹은 삼십 년이라는 삶을 위해 즐겁게 할 수 있는 일을 찾아야 한다.

지식 생태학자 유영만의 저서 《내려가는 연습》에는 하프타임에 반전이 되는 소나무의 이야기가 소개되어 있다.

자연에서도 전반기보다는 후반기에 꽃을 활짝 피우는 생물이 있다고 한다. 예를 들면, 소나무 분재의 경우가 그렇다. 소나무의 종류를 잘 살펴보면, 늘씬하게 뻗은 소나무가 있는 반면 분재 수집가에게 호화롭게 모셔지는 작은 소나무도 있다.

소나무의 전반기 생을 살펴보면 같은 솔방울에서 나왔지만 하나는 햇살 아래서 쭉쭉 뻗어 큰 소나무로 자라고, 다른 하나

는 돌 벽에 미미하게 붙어 제대로 자라지도 못한다. 작은 소나무는 바위틈에 고인 수분으로 겨우겨우 연명하면서 자라는 것이다.

그런데 소나무의 후반기 생은 완전히 바뀐다. 잘 자란 소나무는 목재용으로 목수에게 베이는 운명을 맞는다. 반면, 바위틈에서 겨우 자란 소나무는 분재 수집가에게 발견되어 호사스런 집에 모셔진다. 때에 따라서는 극진한 대접도 받는다.

작은 소나무가 자신의 의지로 상황을 극복한 것은 아니지만 위기 상황은 이처럼 멋지게 반전을 가져온다. 하물며 위기를 극복할 수 있는 의지를 가진 인간이라면 생의 전반기가 자기 뜻대로 되지 않았다고 인생의 책장을 미리 덮는 어리석은 짓을 할 이유가 전혀 없는 것이다.

결론적으로 자존심과 절망을 버리는 것이 중요하다. 그리고 자존감을 키움과 동시에 자기 자신을 사랑할 줄 알아야 한다. 최근 타계한 미국의 팝가수 휘트니 휴스턴의 〈The Greatest Love of All〉에 다음과 같은 멋진 가사가 있다.

'No matter what they take from me, they can't take away my dignity. Learning to love yourself is the greatest love of all.'

(어느 누구도 내 자존감은 빼앗을 수 없다. 그리고 내 자신을 사랑하는 것이야 말로 진정 최고의 사랑이다.)

설령 인생이라는 경기의 전반전에서 뒤지고 있다고 하더라
도, 좌절하거나 포기하지 말자. 나에게 일어난 상황을 일단 수
긍하고 해결책을 찾자. 삶이 좋은 쪽으로 흘러갈 수 있도록 에
너지를 집중하자. 그러면 자존감은 저절로 높아지고 자기 자신
도 사랑할 수 있게 될 것이다. 어떤 상황이 오더라도 인생의 책
장을 미리 덮을 이유는 전혀 없다.

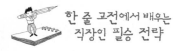
寵辱若驚, 貴大患若身, 何謂寵辱若驚, 寵爲下,

총 욕 약 경, 귀 대 환 약 신, 하 위 총 욕 약 경, 총 위 하,

得之若驚, 失之若驚, 是謂寵辱若驚, 何謂貴大患若身,

득 지 약 경, 실 지 약 경, 시 위 총 욕 약 경, 위 하 귀 대 환 약 신,

吾所以有大患者, 爲吾有身, 及吾無身, 吾有何患,

오 소 이 유 대 환 자, 위 오 유 신, 급 오 무 신, 오 유 하 환,

故貴以身爲天下, 若可寄天下, 愛以身爲天下, 若可託天下.

고 귀 이 신 위 천 하, 약 가 기 천 하, 애 이 신 위 천 하, 약 가 탁 천 하.

- 《도덕경》 '제13장' -

◆   ◆   ◆

사랑을 받으나 욕되나 늘 놀란 것 같이 하라. 큰 걱정을 귀히 여기기를 내 몸
과 같이 하라. 사랑을 받으나 욕되나 늘 놀란 것 같이 하라는 말은 무슨 뜻일
까? 사랑은 항상 욕되기 마련이니 그것을 얻어도 놀란 것처럼 할 것이요, 잃
어도 놀란 것처럼 해야 한다. 큰 걱정을 귀히 여기기를 내 몸과 같이 하라는
의미는 무엇인가? 나에게 큰 걱정이 있는 까닭은 몸을 가지고 있기 때문이다.
내가 몸이 없다면 무슨 걱정이 있겠는가? 그러므로 자신의 몸을 천하만큼이
나 귀하게 여기는 사람에게는 천하를 맡길 만하고, 자신의 몸을 천하만큼이나
아끼는 사람에게는 천하를 줄 수 있다.

인생 제2막, 융합이 답이다

2013년 3월 '개그콘서트'에서는 코미디 40주년을 기념해 특집 프로그램을 방영한 적이 있다. 당시 프로에는 1980~1990년대에 활약했던 선배 개그맨과 현재 맹활약하고 있는 후배 개그맨들이 한데 모여 각종 코너에서 많은 웃음을 선사했다.

1980년대 TV프로인 '유머1번지'에는 '회장님 우리 회장님'이란 인기 코너가 있었다. 김학래, 엄용수 등 선배 개그맨들은 당시의 유행어를 말하고, 김원효, 김준현 등은 현재의 유행어를 말하면서 코너를 이끌어 갔다. 선후배 개그맨이 과거의 유행어와 현재의 유행어를 조합함으로써 색다른 웃음을 선사하는 것, 이것은 과거와 현재의 웃음 코드를 융합한 것이었다. 그 밖에도 A코너의 유행어와 B코너의 유행어를 다른 코너에서 섞어 보여

줌으로써 또 다른 방식의 융합 개그를 선보였다.

사람이 하는 모든 창작은 대부분 융합의 산물이다. 화가가 그림을 그릴 때, 작가가 책을 집필할 때, 작곡가가 신곡을 작곡할 때 완전한 무에서 유를 창조하는 경우는 극히 드물다. 오히려 이전의 작품을 근간으로 색다르게 편집하고 다양한 요소를 종합하여 조화롭게 만듦으로써 새로운 작품을 창작한다. 요리사가 음식을 준비할 때도 마찬가지다. 기존의 요리에 다양한 재료를 추가하고 이전과 다른 방법으로 요리함으로써 새로운 요리가 탄생한다.

이러한 창작 과정은 기존에 존재하는 것과 자신의 새로운 아이디어를 융합함으로써 빛을 발한다. 팝과 오페라를 결합한 팝페라, 기존의 역사 사실에 현대적인 로맨스를 추가한 퓨전 사극, 전통 음식에 현대적인 소스를 가미한 퓨전 음식, 전통 건물에 현대 미술을 그리는 시도 등 융합은 이미 우리 의식주 생활에 깊이 뿌리 내리고 있다.

융합은 이제 일상생활뿐만 아니라 학문 분야에서도 하나의 큰 흐름을 형성하고 있다. 의학과 생명공학이 만나 의생명공학이 탄생하고, 스포츠와 마케팅이 만나 스포츠 마케팅이 탄생했다. 인문학자 도정일과 생물학자 최재천은 인문학과 자연과학의 대화를《대담》으로 풀어내며 성격이 다른 두 학문의 융합을 시도한 바 있다. 이런 시도는 사람들에게 지적인 청량감을 제공한다.

이런 사회적 분위기에 힘입어 최근 교육계에서는 문과와 이과의 구분을 폐지하자는 논의가 한창 진행되고 있다. 폐지를 주장하는 교육자들은 복잡다기한 세상의 현상을 인문학적인 것과 자연학적인 것으로 구분하면 학생들이 자연과 인간이라는 이분법적인 세계관을 강요당하는 폐단이 발생한다고 주장한다. 이런 학생들은 다방면으로 사고할 수 있는 능력이 떨어져서 우리나라에서 스티브 잡스나 마크 주커버그 같은 창의적 인재가 나오기 어렵다는 주장을 펼친다.

　2013년 최재천 교수, 관점 디자이너 박용후 등의 인터뷰 내용이 《창의융합 콘서트》로 출간되었다. 이 책에는 각계 분야에서 활약하는 전문가들이 영화, 디자인, 음악, 교육 등 다양한 장르에 자신의 주 전공을 가미한 새로운 해석이 담겨 있다. 대한민국 융합 국가대표 12인은 이 책을 통해 '융합'이야말로 재미있고 돈 되는 일이라고 했다.

　통섭의 개념을 국내에 맨 처음 도입한 최재천 교수는 "다른 분야의 사람들이 만나서 토론하고 서로를 알아가는 과정을 거치면 뜻하지 않게 새로운 것이 만들어진다"라고 말한다. 디자인하우스 대표이사 이영혜는 "앞으로 새로운 것이 하나의 분야에서 나올 일은 거의 없다. 다른 분야와 융합해 서로 만남으로써 모서리를 중심으로 만들어 내는 것이 새로운 비즈니스다"라고 말한다. 영화영상학과 교수 유지나는 "제임스 카메론 감독이 영화 〈아바타〉를 통해 기술과 인문의 간극을 좁혔다"라고 말했다.

이 책에는 등장하지 않지만 만화가 허영만도 융합을 통해 대표작을 낸 사례다. 공전의 히트를 친 《식객》과 《꼴》은 허영만의 주무기인 만화와 음식과 관상이라는 서로 다른 전문 분야를 융합한 결과물이다.

IT기기 분야에서도 융합의 물결은 거세다. 음성통화와 문자 메시지만 주고받을 수 있었던 휴대폰에 카메라 기능이 추가되는 것을 시작으로 방송기능(DMB), 인터넷, GPS기능이 추가되면서 휴대폰은 이제 걸어 다니는 컴퓨터가 되었다. 스마트 TV, 스마트 그리드 등 IT기기에서의 융합의 물결은 급기야 스마트 시티 등 행정 분야로까지 확대되고 있다. 이런 비약적인 발전의 이면에는 인문학과 IT기술을 융합한 스티브 잡스의 융합 능력이 자리 잡고 있다.

나는 이처럼 융합의 물결, 융합의 흐름에 인생 제2막에 대한 답이 있다고 생각한다. 주위를 둘러보면 인생 제1막을 살고 있는 대부분의 직장인은 이렇게 말한다.

"어렸을 때 하고 싶은 일은 이것이 아니었는데 부모님의 기대 때문에 어쩔 수 없이 지금 일을 선택한 거야."

"내가 이 일을 하고자 하면 아버님은 '정신 좀 차려라. 그런 일을 하면 배가 고프다'라고 하셨어."

"우리 부모님은 나에게 '네가 그 일을 하면 장가가기 힘들다. 제발 좀 참아라'라고 하셨어."

주위 사람들뿐만이 아니다. 금융권도 우리가 하고 싶은 일을 막는 데 일조했다. 좋은 직장을 다닌 사람들의 대출 금리와 자신의 일을 창조하고자 하는 사람에 대한 대출 금리는 차이가 나는 것이 일반적이다. 그리하여 너도나도 모든 꿈을 접고 남들이 보기에 좋은 직장에 들어가려 애썼다. 번듯한 직장에 가면 쪼들리는 삶을 살지는 않더라도 그 분야의 대가가 되기는 힘들다. 《권력의 법칙》,《전쟁의 기술》로 유명한 베스트셀러 작가 로버트 그린은 이런 현상에 대해 다음과 같이 말했다.

> "본래적 열정과 무관하게 의대나 법대에 진학하면 인생이 편할 수는 있죠. 그러나 타고난 본성이 그쪽이 아닌 한 절대 '마스터'가 될 순 없어요. 반드시 벽에 부닥칩니다. 그 분야는 당신의 본성에 맞지 않기 때문에 10년 정도면 슬슬 마음이 떠나게 돼요. 커리어를 바꾸기 어려운 40대가 됐을 때 열정은 전혀 없으면서 집중력은 떨어지고, 나날이 힘든 경쟁을 해야 하는 자신을 발견하게 될 것입니다. 이제 당신은 남들과 다른 특성도, 더 잘하는 것도 없는 그렇고 그런 범재가 되어, 더 젊고 능력 있는 새 인물로 대체될 날만 기다리게 되죠. 당신의 운명이 아닌 길을 가더라도 그럭저럭 잘살 수 있어요. 다만 유일무이, 대체 불가능한 거장은 절대 될 수 없습니다."

인생 제2막은 자신이 진정으로 원하는 일과 인생 제1막의 경험이 융합으로 나타나야 한다. 마에스트로(거장)까지는 아니더

라도 노후에 경제적으로 윤택한 삶을 살기 위해선 자신이 하고 싶은 일을 인생 제2막으로 선택하되 인생 제1막에서 경험한 시련과 성공 체험을 고스란히 반영해야 한다.

예를 들어 당신이 직장을 나와 공예 일을 한다고 가정해 보자. 처음부터 공예를 했던 사람에 비해 공예 기술은 부족할지 몰라도 당신은 그 사람이 접하지 못한 소중한 경험을 갖고 있다. 마케팅 능력, 대인 관계, 손익 관리 능력, 채권회수 기술 등 직장은 당신에게 돈 버는 기술을 가르쳐 준 것이다.

인생 제2막을 예술, 인문과학, 자연과학, 아니면 귀농으로 선택한다 해도 마찬가지다. 젊었을 때부터 그 분야에 몸담은 사람보다 부족한 부분이 물론 있지만 그 사람이 갖지 못한 소중한 것을 당신은 보유하고 있다.

인생에서 가장 중요한 것은 '인생의 조각들을 성실히 맞추는 것'이다. 인생은 작은 모자이크 조각들을 하나하나 쌓는 퍼즐놀이와도 같기 때문이다. 따라서 '한 방'에 이뤄지는 것은 없다. 인생 제1막의 경험과 꿈의 한 조각 한 조각을 마치 퍼즐을 맞추듯이, 블록을 쌓듯이 차근차근 준비해 나가야 한다. 오늘이라는 인생의 조각들을 성실히 맞추다 보면 머지않아 그동안 진정으로 갈망했던 축제 같은 인생 제2막을 만들어 나갈 수 있다.
거센 융합의 물결이 소용돌이치면서 새로운 세상을 만들어가고 있는 이 시대에 당신의 경험과 꿈을 융합한다면 당신도 새로운 세상의 주역으로 우뚝 설 수 있음을 결코 잊지 말라!

道生一, 一生二, 二生三, 生三萬物.

도 생 일, 일 생 이, 이 생 삼, 삼 생 만 물.

- 《도덕경》 '제42장' -

◆　◆　◆

도에서 하나가 나오고,

하나에서 둘이 나오며, 둘에서 셋이 나오고, 셋에서 만물이 나온다.

직장 생존 병법 41가지

박세준 지음

발 행 일   초판 1쇄 2014년 3월 7일
발 행 처   평단문화사
발 행 인   최석두

등록번호   제1-765호 / 등록일 1988년 7월 6일
주   소   서울시 마포구 서교동 480-9 에이스빌딩 3층
전화번호   (02)325-8144(代)   FAX (02)325-8143
이 메 일   pyongdan@hanmail.net
I S B N   978-89-7343-390-2 (03320)

이 도서의 국립중앙도서관 출판시도서목록(CIP)은 서지정보유통지원시스템 홈페이지(http://seoji.nl.go.kr)와
국가자료공동목록시스템(http://www.nl.go.kr/kolisnet)에서 이용하실 수 있습니다.
(CIP제어번호: CIP 2014004076)

저희는 매출액의 2%를 불우이웃돕기에 사용하고 있습니다.